COTTA'S BIBLIOTHEK DER MODERNE
12

F. T. MARINETTI UND FILLIA
DIE FUTURISTISCHE KÜCHE

Aus dem Italienischen
von Klaus M. Rarisch
Cotta's Bibliothek
der Moderne

Die Originalausgabe erschien 1932
unter dem Titel »La Cucina Futurista« bei Sonzogno, Mailand
© Erben Marinetti und Fillia 1982
Über alle Rechte der deutschen Ausgabe
verfügt die Verlagsgemeinschaft Ernst Klett–
J. G. Cotta'sche Buchhandlung Nachfolger GmbH, Stuttgart
Fotomechanische Wiedergabe
nur mit Genehmigung des Verlages
Printed in Germany 1983
Satz: Steffen Hahn, Kornwestheim
Druck: Wilhelm Röck, Weinsberg
Einband: G. Lachenmaier, Reutlingen

CIP-Kurztitelaufnahme der Deutschen Bibliothek
Marinetti, Filippo T.:
Die futuristische Küche / F. T. Marinetti u. Fillia.
Aus d. Ital. von Klaus M. Rarisch. –
Stuttgart: Klett-Cotta, 1983.
(Cotta's Bibliothek der Moderne; 12)
Einheitssacht.: La cucina futurista [dt.]
ISBN 3-608-95007-9
NE: Fillia; GT

Im Gegensatz zu den schon erschienenen und noch zu erwartenden Kritiken setzt sich die futuristische Revolution der Kochkunst, wie sie in diesem Band erläutert wird, das hohe, edle und gemeinnützige Ziel, die Ernährung unserer Rasse radikal zu ändern, um diese zu stärken, zu dynamisieren und zu spiritualisieren, und zwar durch ganz neue Speisen, bei denen Erfahrung, Intelligenz und Phantasie so wichtig sein werden wie bei den bisherigen Quantität, Einfallslosigkeit, Wiederholung und Preis.

Diese unsere futuristische Küche, wie der Motor eines Wasserflugzeugs auf hohe Geschwindigkeiten eingestellt, wird manchen zitternden Passatisten verrückt und gefährlich vorkommen: sie will jedoch endlich eine Übereinstimmung zwischen dem Gaumen der Menschen und ihrem Leben heute und morgen schaffen.

Von den sprichwörtlichen Ausnahmen abgesehen, haben sich die Menschen bisher wie Ameisen, Mäuse, Katzen und Ochsen ernährt. Durch uns Futuristen entsteht die erste menschliche Küche, das heißt die Kunst, sich zu ernähren. Wie alle Künste schließt sie das Plagiat aus und verlangt schöpferische Originalität.

Nicht zufällig erscheint dieses Werk gerade in der Weltwirtschaftskrise, deren Entwicklung unklar scheint, während ihre gefährlich deprimierende Panik klar ist. Dieser Panik setzen wir eine futuristische Küche entgegen, das heißt: den Optimismus bei Tisch.

EIN ESSEN, DURCH DAS EIN SELBSTMORD VERHINDERT WURDE

Am 11. Mai 1930 fuhr der Dichter Marinetti im Automobil zum Trasimenischen See, einem besorgniserregenden, wunderlichen und geheimnisvollen Telegramm folgend:

»Mein Lieber nachdem SIE endgültig abgereist ist bin ich von quälendem Kummer erfaßt stop ungeheure Traurigkeit verbietet mir weiterzuleben stop ich flehe dich an komm schnell bevor jene kommt der sich zu sehr aber nicht genug vergleicht GIULIO.«

Marinetti, entschlossen, seinen Freund zu retten, hatte Enrico Prampolini und Fillia telefonisch hinzugezogen, deren große Genialität als Luftmaler ihm für diesen zweifellos sehr ernsten Fall hilfreich schien.

Wie ein Chirurg suchte und fand der Fahrer des Automobils an den blutenden Ufern und zwischen dem schmerzensreichen Röhricht des Sees die Villa. In Wirklichkeit verbarg sich hinten im Park, zwischen doldentragenden Pinien, die sich dem Paradies darboten, und Zypressen, die teuflisch in die Tinte der Hölle tauchten, ein wahrer Königspalast, mehr als eine Villa.

An der Schwelle, am Wagenschlag, das abgemagerte Gesicht und die ausgestreckte, allzu weiße Hand von Giulio Onesti. Dieses Pseudonym, das seinen wahren Namen verbarg, sein kämpferischer und kreativer Einsatz bei den Futuristen-Abenden vor zwanzig Jahren, sein Leben für die Wissenschaft und die Reichtümer, die er am Kap der Guten Hoffnung erworben hatte, seine plötzliche Flucht aus den großen Städten füllten das freimütige Gespräch aus, das dem Mahle in der polychromen Trinkhalle der Villa voranging.

Bei Tisch, in dem Zimmer, samtartig tapeziert mit beißendem Rot, das durch die weiten Fenster ein aufgehender Halbmond trank, murmelte Giulio:

»Ich erfasse intuitiv in euren Gaumen die Langeweile uralter Gewohnheit und die Überzeugung, daß die gleiche Art, sich zu ernähren, den Selbstmord vorbereitet. Ach was, ich beichte euch und eurer bewährten Freundschaft ganz rückhaltlos: seit drei Tagen beschäftigt die Idee des Selbstmords die ganze Villa und auch den Park. Andrerseits habe ich noch nicht die Kraft gehabt, die Schwelle zu überschreiten. Was ratet ihr mir?« –

Langes Schweigen.

– »Ihr wollt den Grund wissen? Ich sage es euch: Sie, du kennst sie, Marinetti! Sie hat sich vor drei Tagen in New York umgebracht. Sicher ruft sie mich. Jetzt kommt durch ein seltsames Zusammentreffen eine neue, bezeichnende Tatsache hinzu. Ich habe gestern diese Depesche erhalten… so gleiche ich ihr noch mehr… zu sehr… aber nicht genug. Ein anderes Mal sage ich euch ihren Namen und wer sie ist. Die Depesche kündigt mir ihre bevorstehende Ankunft an…« –

Langes Schweigen. Dann wurde Giulio von einem unbändigen, krampfhaften Zittern erfaßt:

– »Ich will und darf nicht die Tote verraten. Daher werde ich mich heute nacht umbringen!« –

– »Außer wenn?« – schrie Prampolini.

– »Außer wenn?« – wiederholte Fillia.

– »Außer wenn?« – schloß Marinetti – »außer wenn du uns sogleich in deine reichen und wohlausgestatteten Küchenräume führst.« –

Zwischen den bestürzten und ihrer Autorität diktatorisch beraubten Köchen, bei angezündetem Feuer, heulte Enrico Prampolini:

– »Wir brauchen für unsere genialen Hände hundert Säcke mit folgenden unentbehrlichen Zutaten: Kastanienmehl, Weizenmehl, Mandelmehl, Roggenmehl, Mehl aus

Türkenkorn, Kakaopulver, roten Pfeffer, Zucker und Eier. Zehn Krüge Öl, Honig und Milch. Einen Doppelzentner Datteln und Bananen.« –

– »Du sollst noch heute nacht bedient werden« – befahl Giulio.

Sofort begannen die Knechte, große, schwere Säcke herbeizuschaffen, die, zu pyramidalen gelben, weißen, schwarzen, roten Haufen entladen, die Küchenräume in phantastische Laboratorien verwandelten, wo die enormen, auf dem Boden umgestürzten Kasserollen zu grandiosen Piedestalen wurden, für eine unvorhersehbare Bildhauerkunst bestimmt.

– »Ans Werk« – sagte Marinetti – »o Luftmaler und Luftbildhauer. Meine Luftgedichte werden eure Gehirne wie quirlende Propeller durchlüften.« –

Fillia improvisierte einen plastischen Luftkomplex aus Kastanienmehl, Eiern, Milch, Kakao, wo Flächen nächtlicher Atmosphären von Flächen aus Morgendämmerungen durchschnitten wurden, mit Windspiralen, ausgedrückt vermittels Rohrleitungen aus Mürbeteig.

Enrico Prampolini, der seine schöpferische Arbeit eifersüchtig mit Paravents umgeben hatte, schrie bei der ersten Dämmerung, die vom leuchtenden Horizont in das offene Fenster einsickerte:

– »Endlich halte ich sie in den Armen, und sie ist schön, bezaubernd, fleischlich, so daß sie jeden Wunsch nach Selbstmord heilen kann. Kommt her, sie zu bewundern.« –

Er warf die Paravents um, und es erschien, geheimnisvoll süß und schrecklich, in plastischer Ganzheit: sie. Eßbar. Schmackhaft war in der Tat das Fleisch an der Stelle der Kurve, die die Synthese aller Bewegungen der Hüfte bedeutete. Und der Glanz ihres zuckrigen Flaums erregte den

Schmelz der Zähne in den aufmerksamen Mündern der beiden Genossen. Von oben sprach die kugelförmige Süße aller idealen Brüste in geometrischer Distanz zur Kuppel des Bauches, der von den Kraftlinien dynamischer Schenkel gestützt wurde.

– »Nähert euch nicht« – rief er Marinetti und Fillia zu – »beriecht sie nicht. Entfernt euch. Ihr habt üble, gefräßige Mäuler. Ihr würdet sie mir wortlos ganz und gar aufessen.« –

Sie nahmen die Arbeit wieder auf, köstlich angestachelt von langen elastischen Strahlen einer Morgenröte, von roten Zirruswolken, Vogelgetriller und Geknarre holziger Gewässer, von denen die grüne Lackierung in vergoldeten Glanzlichtern abplatzte.

Berauschende Atmosphäre, verschwenderisch in Formen und Farben, mit scharfen Lichtflächen und sehr glattem Glanzrund, melodisch gedreht vom Gesumm eines Flugzeugs in sehr großer Höhe.

Begnadete Hände. Die Nüstern geöffnet, um Nagel und Zahn zu leiten. Um sieben Uhr erstand aus dem größten Ofen der Küche *Die Leidenschaft der Blonden*, ein hoher plastischer Komplex aus Blätterteig, ausgebildet als Pyramide sich verjüngender Stufen, von denen jede eine besondere leichte Kurve für Mund, Bauch oder Schenkel zeigte, eine eigene Art höchst sinnlichen Schwankens, ein eigenes Lächeln der Lippen. Ganz oben ein Teig-Zylinder aus Türkenmehl, der sich um eine Angel drehte und dabei, sich beschleunigend, das ganze Zimmer mit einer enormen Masse goldener Zuckerwatte beflockte.

Von Marinetti erdacht, unter seinem Diktat realisiert von Giulio Onesti, der den Bildhauer-Koch aus dem Stegreif gespielt hatte, sehr bekümmert und zitternd, wurde die Statue von ihm selbst auf eine riesige umgestürzte Kupferkasserolle aufgepflanzt. Mit der Kraft der berauschenden Sonnenstrahlen wetteiferte bald der Bildner, der sein Werk kindlich mit der Zunge liebkoste.

Von Prampolini und Fillia wurden aus der Form genommen: eine *Behende Geschwindigkeit*, eine sehr schlanke »Gebärde« aus Mürbeteig, die Synthese aller nach weiten Kurven hungernden Automobile, und eine *Leichtigkeit des Fluges*, die den erwartungsvollen Mündern 29 silberne Frauenschienbeine darbot, gemischt aus Radscheiben und Propellerflügeln und alle aus weichem Hefeteig geformt.

Mit dem Mund sympathischer Menschenfresser stärkten sich Giulio Onesti, Marinetti, Prampolini und Fillia dann und wann den Magen mit einem schmackhaften Bruchstück der Statue.

Im Schweigen des Nachmittags wurde die Arbeit mit Muskelkraft beschleunigt. Schmackhafte Massen zu transportieren. Der Strom der Zeit floß ihnen unter den Füßen davon, im Gleichmaß glatter Kieselsteine und zitternder Gedanken.

In einer Pause sagte Giulio Onesti:
– »Wenn die Neue mit der Dämmerung oder mit der Nacht kommt, werden wir ihr eine künstlerische Morgenröte darbieten, die eßbar und wahrhaftig unerwartet ist. Wir arbeiten jedoch nicht für sie. Ihr Mund, so ideal er sein mag, wird wie der einer jeden beliebigen Geladenen sein.« –

Giulio Onesti bezeigte jedoch eine Unruhe, die nicht der futuristischen Heiterkeit seines Gehirns entsprach. Er fürchtete die Überkommene. Jener drohende Mund machte auch die drei Futuristen bei der Arbeit besorgt. Sie erahnten und erkosteten zwischen den Düften von Vanille, Gebäck, Veilchen und Akazien, daß im Park und in der Küche die Frühlingsbrise, trunken vor Bildnerei auch sie, sich rührte.

Neues Schweigen.

Ein plastischer Komplex aus Schokolade und Nougat, darstellend die *Formen der Nostalgie und der Vergangenheit*, stürzte plötzlich mit Getöse herab und bekleckerte alles mit flüssig klebrigen Finsternissen.

Die Materie mit Ruhe wieder aufnehmen. Sie mit spitzen Nägeln des Willens kreuzigen. Nerven. Leidenschaft. Freude der Lippen. Den ganzen Himmel in den Nüstern. Zungenschnalzen. Den Atem anhalten, um einen ziselierten Geschmack nicht zu beschädigen.

Um sechs Uhr nachmittags sich in Höhe süßer Dünen aus Fleisch und Sand nach zwei großen Smaragdaugen hin entwickeln, in denen sich schon die Nacht verdichtete. Das Meisterwerk. Es war betitelt *Die Kurven der Welt und ihre Geheimnisse*. Marinetti, Prampolini und Fillia hatten dort in Zusammenarbeit den süßen Magnetismus der schönsten Frauen und der schönsten afrikanischen Träume hineingeimpft. Die schräge Architektur weicher Kurven, die sich gen Himmel fortsetzte, verbarg die Anmut aller weiblichen Füßchen in einem dichten und verzuckerten Uhrwerk, das, grün von Oasenpalmen, ihre Büschel mechanisch mit Zahnrädern ineinandergreifen ließ. Weiter unten hörte man das geschwätzige Glück paradiesischer Bäche. Es war ein eßbarer, motorisierter plastischer Komplex – vollkommen.

Prampolini sagte:

– »Ihr werdet sehen: damit wird sie besiegt.« –

Medial ertönte die Glocke im Hintergrund des Parks.

Um Mitternacht erwarteten die Futuristen Marinetti, Prampolini und Fillia im weitläufigen Waffensaal den Hausherrn, der seinerseits eingeladen war, mit ihnen zusammen die nunmehr fertige große Ausstellung eßbarer Skulptur kostend zu eröffnen.

In einer Ecke, bei der Glastür inmitten kalter und ungesund unterseeischer Lichter, waren Massen von Hellebarden und Bündel von Streitkarabinern mit zwei ungeheuren Gebirgskanonen wild aufgehäuft und wie von einer magischen, übermenschlichen Macht zurückgedrängt.

Übermenschlich in der Tat glänzte in der entgegengesetzten Ecke unter elf elektrischen Globen die Schau der 22 eßbaren plastischen Komplexe.

Erregend war vor allem der mit dem Titel *Die Kurven der Welt und ihre Geheimnisse*. Wie erschöpft von so viel lyrisch-plastischer Aerodynamik lagen Marinetti, Prampolini und Fillia sehr müde auf einem weiten dänischen Federteppich, der im elektrischen Licht durch die perlmutterartige Weichheit gereist schien, eine vom Scheinwerfer in der Nacht eingesetzte Wolke.

Bereitwillig sprangen sie beim Klang zweier Stimmen auf; die eine war männlich aber müde, die andere weiblich und aggressiv. Zwischen beiden ein kurzer Austausch von Höflichkeiten, Verwunderung und Glückwünschen. Dann die Unbeweglichkeit und das Schweigen der fünf.

Eine sehr schöne Frau, aber von traditioneller Schönheit. Gegen diese revoltierten zum Glück die großen grünen Augen voll falscher kindlicher Naivität unter der niedrigen Stirn, die von üppigen, halb blonden und halb braunen Haaren überschwemmt war, die ruhigen Kurven und die feine, auserlesene Eleganz des Halses, der Schultern und der schlanken Hüften, die kaum von goldgeflammtem Gewebe bedeckt waren.

– »Haltet mich nicht für dumm« – murmelte sie mit schmachtender Grazie – »ich bin verwirrt. Euer Ingenium erschreckt mich. Ich flehe euch an, mir die Gründe, die Absichten, die Gedanken zu erklären, die euch beherrscht haben, während ihr so köstliche Gerüche, Geschmacksnuancen, Farben oder Formen skulptiert habt.« –

Zu ihr, die vorsichtig und wie eine Bildhauerin den eigenen Körper ausgrub, in den Kissen, Pelzen und Teppichen – eine Muschelhöhle für die raffinierte Bestie –, sprachen Marinetti, Prampolini und Fillia abwechselnd wie drei gut geölte Kolben derselben Maschine.

Auf dem Bauch zu ihren Füßen liegend, das Gesicht zum Mittelpunkt der Erde gewendet, träumte Giulio Onesti und hörte zu.

Sie sagten:

– »Wir lieben die Frauen. Oft sind wir bei tausend köstlichen Küssen von der Sehnsucht gequält, eine von ihnen zu verspeisen. Nackte schienen uns immer tragisch gekleidet. Ihr Herz, wenn es sich im höchsten Liebesgenuß zusammenzieht, schien uns die ideale Frucht zum Beißen, Kauen, Saugen. Alle Formen des Hungers, welche die Liebe ausmachen, brachten uns dazu, diese Werke des Genies und der unersättlichen Zunge zu schaffen. Es sind unsere verwirklichten Seelenzustände. Der Zauber, die kindliche Anmut, die Naivität, die Morgendämmerung, die Scham, der reißende Strudel des Geschlechts, der Regen aller Rasereien und aller Zimperlichkeiten, der Nervenkitzel und die Rebellion gegen die uralte Sklaverei, die eine einzige und alle haben hier durch unsere Hände einen künstlerischen Ausdruck gefunden, der so intensiv ist, daß er nicht nur die Augen und entsprechende Bewunderung verlangt, nicht nur das Gefühl und entsprechende Liebkosungen, sondern auch die Zähne, die Zunge, den Magen, den Darm, die gleichfalls verliebt sind.«

– »Um Gotteswillen« – seufzte sie lächelnd – »mäßigt eure Wildheit.« –

– »Niemand wird euch jetzt essen« – sagte Prampolini – »höchstens der besonders magere Fillia...« –

Marinetti fügte hinzu:

– »In diesem Katalog der Ausstellung eßbarer Skulptur werden Sie heute nacht die erotisch-sentimentalen Klatschgeschichten lesen können, die bei den Künstlern einen gewissen Geschmack und gewisse, scheinbar unverständliche Formen hervorriefen. Leichtsinnige Fliegerkunst. Temporäre Kunst. Eßbare Kunst. Das fliehende ewig Weibliche im Magen eingesperrt. Die schmachtende, überscharfe Spannung der rasendsten Wollüste endlich befriedigt. Ihr haltet uns für wild, andere glauben, wir seien sehr kompliziert und zivilisiert. Wir sind die instinktiven neuen Elemente der großen poetisch-plastisch-architektonischen Zukunftsmaschine, alle neuen Gesetze, alle neuen Richtlinien.« –

Eine lange Pause des Schweigens schleuderte Marinetti, Prampolini und Fillia in den Schlaf. Die Frau betrachtete sie einige Minuten, dann ließ sie den Kopf zurücksinken und schlief ebenfalls ein. Das schwache Gurgeln der Atmung, beladen mit Wünschen, Vorstellungen und Aufschwüngen, paßte zum plätschernden Gurgeln des Röhrichts im See, das von der nächtlichen Brise aufgewühlt wurde.

Hundert veilchenblaue Brummer verübten im künstlerischen Wahnsinn einen Überfall auf die hohen elektrischen Globen, auch sie vom glühenden Drang zur Bildhauerei besessen, koste es was es wolle und so schnell wie möglich.

Kaum daß Giulio mit dem Argwohn eines Diebes im Rücken den Kopf nach rechts und links gedreht hatte, überzeugte er sich, daß die Bildhauer und die Bildhauerin des Lebens im Tiefschlaf lagen. Flink fuhr er auf, ohne Lärm zu machen, ließ den Blick durch seinen großen Waffensaal kreisen und machte sich entschlossen auf den Weg zu der hohen Plastik *Die Kurven der Welt und ihre Geheimnisse*. Davor niederkniend begann er, sie liebevoll mit den Lippen, der Zunge und den Zähnen anzubeten. Sich wie ein Tiger streckend, den schönen verzuckerten Palmenhain durchstöbernd und umstürzend, biß er hinein und verzehrte ein süßes Füßchen des Schlittschuhläufers der Wolken.

In jener Nacht um drei, den Rücken schrecklich verdreht, packte er das dichte Herz der Herzen des Vergnügens mit den Zähnen. In der Morgendämmerung aß er die Kugeln der Brüste mit aller Muttermilch. Als seine Lippen die langen Wimpern abpflückten, die die großen Juwelen der Augen verteidigten, erzeugten die sich schnell über dem See zusammenziehenden Wolken einen orangefarben niederstürzenden Blitz auf langen grünen Beinen, der das Röhricht wenige Meter vor dem Waffensaal entwurzelte.

Es folgte der Regen vergeblicher Tränen. Ohne Ende. So vertiefte sich der Schlaf der Bildhauer und der Bildhauerin des Lebens.

Vielleicht um sich zu erfrischen, ging Giulio dann barhäuptig in den Park hinaus, der völlig dem zuckenden Röhrenwerk der Donnergeräusche ausgeliefert war. Er war gleichzeitig frei, befreit, leer und erfüllt. Genießender und Genossener. Besitzer und Besessener. Einzig und total.

MANIFESTE
IDEOLOGIE
POLEMIKEN

DAS ESSEN DER »GÄNSEFEDER« UND DAS MANIFEST DER FUTURISTISCHEN KÜCHE

Seit Beginn der Italienischen Futuristischen Bewegung, das heißt seit 23 Jahren (Februar 1909), beschäftigte der Einfluß der Ernährung auf die kreativen, fruchtbaren und aggressiven Fähigkeiten der Rasse die größten Futuristen. Oft diskutierten Marinetti, Boccioni, Sant'Elia, Russolo und Balla darüber. In Italien und Frankreich wurden einige Versuche zur kulinarischen Erneuerung unternommen. Am 15. November 1930 setzte sich plötzlich die Dringlichkeit einer Lösung durch:

Das Restaurant GÄNSEFEDER in Mailand, geleitet von Mario Tapparelli, bot den dortigen Futuristen ein Festessen, das ein gastronomischer Lobgesang des Futurismus sein wollte.

Die Speisenfolge:
- fette Gans
- Eis im Mondschein
- Tränen Gottes »Gavi«
- Brühe aus Rosen und Sonne
- Liebling des Mittelmeers zick-zack
- Lammbraten in Löwensoße
- Salatblättchen im Morgenrot
- Bacchusblut »Terra Ricasoli«
- Windrädchen von Artischocken
- Regen aus Zuckerwatte
- Lachgasschaum »Cinzano«
- Obst, im Garten der Eva gepflückt
- Kaffee und Likör

war das Entzücken der Gäste: Exzellenz Fornaciari, Präfekt von Mailand, Exzellenz Marinetti, die Ehrenwerten Abgeordneten Farinacci und Sansanelli, Exzellenz Giordano, Umberto Notari, Pick Mangiagalli, Chiarelli, Steffenini, Repaci, Ravasio und die Futuristen Depero, Prampolini, Escodamè, Gerbino usw.

Die wenigen Futuristen waren die beifallsfreudigsten. Es ist logisch, daß mit Ausnahme der Rosenbrühe, die die futuristischen Gaumen von Marinetti, Prampolini, Depero, Escodamè und Gerbino berauschte, die Speisen nur von schüchterner Originalität und noch stark der gastronomischen Tradition verhaftet waren. Der Koch Bulgheroni wurde wiederholt mit Beifall überschüttet.

Marinetti war eingeladen worden, zwischen »Windrädchen von Artischocken« und »Regen aus Zuckerwatte« vor dem Radio zu sprechen; er sagte:

– »Ich kündige euch die nächste Manifestation der futuristischen Küche zur völligen Erneuerung des italienischen Ernährungssystems an; damit soll so schnell wie möglich die Notwendigkeit ausgedrückt werden, der Rasse neue heroische und dynamische Kräfte einzuflößen. Die futuristische Küche wird von der alten Besessenheit durch Volumen und Gewicht befreit sein; einer ihrer Grundsätze wird die Abschaffung der Pasta asciutta sein. Die Pasta asciutta, so angenehm sie auch für den Gaumen sein mag, ist ein passatistisches Gericht, weil sie schwer macht, vertiert, über ihren Nährwert täuscht, weil sie skeptisch, langsam, pessimistisch stimmt. Der Patriot bevorzugt statt dessen den Reis.«

Diese Ansprache rief bei den Gästen tollen Applaus und trübe Gereiztheit hervor. Marinetti forderte Ironie heraus, indem er seinen Gedanken präzisierte.

Am nächsten Tag explodierte in allen Zeitungen die heftigste Polemik, an der sich alle sozialen Schichten beteiligten, von den Damen bis zu den Köchen, Literaten, Astronomen, Ärzten, von den Straßenjungen, Ammen, Soldaten, Bauern bis zu den Hafenarbeitern. Wo immer in Italien in einem Restaurant, einer Weinstube oder im Haushalt die Pasta asciutta serviert wurde, gab es unmittelbare Verwicklungen durch endlose Diskussionen.

Am 28. Dezember 1930 erschien in der »Gazzetta del Popolo« in Turin

DAS MANIFEST DER FUTURISTISCHEN KÜCHE

Der italienische Futurismus, der Vater zahlreicher Futurismen und Avantgardismen im Ausland, bleibt kein Gefangener der weltweiten Siege, die er »in zwanzig Jahren großer künstlerisch-politischer und oft mit Blut geheiligter Schlachten« errungen hat, wie Benito Mussolini es formuliert hat. Mit einem Programm zur totalen Erneuerung der Küche setzt sich der italienische Futurismus erneut der Unpopularität aus.

Unter allen künstlerisch-literarischen Bewegungen ist er die einzige, deren Wesen die verwegene Kühnheit ist. Malerei und Literatur des 20. Jahrhunderts als Ideologie sind in Wirklichkeit zwei sehr gemäßigte und praktische Futurismen von rechts. Der Tradition verhaftet, probieren sie vorsichtig das Neue, um aus dem einen wie dem andern den größten Vorteil zu ziehen.

Gegen die Pasta asciutta

Der Futurismus ist von den Philosophen als »Mystizismus der Aktion« definiert worden, von Benedetto Croce als »Antihistorismus«, von Graça Aranha als »Befreiung vom ästhetischen Terror«, von uns als »italienischer Neuerer-Hochmut«, mit Formeln wie »Kunst und Leben im Ursprung«, »Religion der Geschwindigkeit«, »größte Anstrengung der Humanität in Richtung auf die Synthese«, »spirituelle Hygiene«, »Methode der unfehlbaren Schöpfung«, »geometrischer Glanz des Schnellen«, »Ästhetik der Maschine«.

Wir Futuristen sind gegen das Praktische und verachten das Beispiel und die Mahnung der Tradition, weil wir um jeden Preis das *Neue* wollen, das alle für verrückt halten.

Auch wenn wir zugeben, daß schlecht oder grob ernährte Menschen in der Vergangenheit oft Großes geleistet haben, verkünden wir dies als Wahrheit: man denkt, man träumt und man handelt nach Maßgabe dessen, was man trinkt und ißt.

Befragen wir diesbezüglich unsere Lippen, unsere Zunge, unseren Gaumen, unsere Geschmackspapillen, unsere Drüsensekrete und eröffnen wir genialisch die Chemie des Magens.

Wir Futuristen hören, daß der Liebesgenuß dem Mann die Abgründe vom Hohen zum Niederen erschließt, während er für die Frau horizontal gefächert ist. Die Wollust des Gaumens dagegen bildet für Mann und Frau immer eine aufsteigende Linie vom Niederen zum Hohen des menschlichen Körpers. Wir hören außerdem, man müsse verhindern, daß der Italiener kubisch, massig und bleibeschwert werde, von undurchsichtiger und blinder Kompaktheit. Immer mehr

Zustimmung findet dagegen die italienische Transparenz in Spiralen der Leidenschaft, der Zärtlichkeit, von Licht, Willen, Schwung, heroischer Zähigkeit. Laßt uns also die Agilität italienischer Körper vorbereiten, den leichtesten Zügen aus Aluminium angepaßt, die die gegenwärtigen schweren aus Eisen, Holz und Stahl ersetzen.

Wir sind überzeugt, daß in dem zu erwartenden künftigen Weltkrieg das agilste und sprungbereiteste Volk siegen wird; nachdem wir Futuristen die Weltliteratur mit den befreiten Worten und dem Simultanstil entschlackt, aus dem Theater durch alogische Überraschungssynthesen und Dramen mit leblosen Gegenständen die Langeweile vertrieben, die Plastik durch Antirealismus ins Ungeheure gesteigert, den geometrischen Glanz einer Architektur ohne dekoratives Beiwerk und schließlich die abstrakte Filmkunst und Fotografie geschaffen haben, setzen wir nun die Nahrung fest, die einem immer luftigeren und schnelleren Leben entspricht.

Vor allem halten wir für notwendig:

a) Die Abschaffung der Pasta asciutta, dieser absurden Religion der italienischen Gastronomie.

Vielleicht werden den Engländern Stockfisch, Roastbeef und Pudding nützen, den Holländern gekochtes Fleisch mit Käse, den Deutschen Sauerkraut, Räucherspeck und Schlackwurst; aber den Italienern nützt die Pasta asciutta nicht. Sie steht zum Beispiel im Gegensatz zum lebendigen Geist und zur leidenschaftlichen, großzügigen und einfühlsamen Seele der Neapolitaner. Sie sind, der voluminösen täglichen Pasta asciutta zum Trotz, heldenhafte Frontsoldaten, inspirierte Künstler, mitreißende Redner, scharfsinnige Advokaten, zähe Landwirte gewesen. Indem sie Pasta essen, entwickeln sie den typischen ironischen und sentimentalen Skeptizismus, der oft ihren Enthusiasmus beschneidet.

Ein intelligenter neapolitanischer Professor, Dr. Signorelli, schreibt: »Im Unterschied zu Brot und Reis ist die Pasta asciutta eine Nahrung, die man hinunterschlingt, aber nicht kaut. Diese stärkehaltige Nahrung wird zum großen Teil durch den Speichel im Mund verdaut, und Pankreas und Leber sind von der Verdauungsarbeit entbunden. Dies führt zu einem Ungleichgewicht mit Störungen dieser Organe. Davon leiten sich ab: Schlappheit, Pessimismus, nostalgische Untätigkeit und Neutralismus.«

Einladung zur Chemie

Die Pasta asciutta, im Nährwert zu 40 % dem Fleisch, dem Fisch, dem Gemüse unterlegen, bindet mit ihrem Knoten die Italiener von heute an die langsamen Webstühle der Penelope und an die schläfrigen Segler auf der Suche nach Wind. Warum widersteht ihr schwerer Block noch dem ungeheuren Netz aus Kurz- und Langwellen, das der italienische Genius über Ozeane und Kontinente geschleudert hat, und den Landschaften aus Farbe, Form, Geräusch, die die Radio-Bildübertragung wie Schiffe um die Erde fahren läßt? Die Verteidiger der Pasta asciutta tragen eine Kugel oder Bruchstücke von ihr im Magen, wie Zuchthäusler oder Archäologen. Und dann denkt daran, daß die Abschaffung der Pasta asciutta Italien vom teuren ausländischen Getreide befreien und die italienische Reisindustrie begünstigen wird.

b) Die Abschaffung von Volumen und Gewicht als Kriterien für die Auffassung und Bewertung der Nahrung.

c) Die Abschaffung der traditionellen Zusammenstellungen durch das Ausprobieren aller möglichen neuen, scheinbar absurden Zusammenstellungen, nach dem Rat von Jarro Maincave und anderer futuristischer Köche.

d) Die Abschaffung der mediokren Alltäglichkeit bei den Gaumenfreuden.

Nehmen wir die Chemie in die Pflicht: sie soll dem Körper schnell die notwendigen Kalorien durch Nahrungsäquivalente zuführen, unentgeltlich vom Staat verteilt, in Pulver- oder Pillenform, die eiweißartige Stoffe, synthetische Fette und Vitamine enthalten. So wird man eine tatsächliche Senkung der Lebenshaltungskosten und der Gehälter bei entsprechender Minderung der Arbeitszeit erreichen. Heute ist für zweitausend Kilowatt nur ein Arbeiter nötig. Die Maschinen werden bald ein gehorsames Proletariat aus Eisen, Stahl und Aluminium bilden, im Dienst der Menschen, die von der manuellen Arbeit befreit sein werden. Wenn die Arbeitszeit auf zwei oder drei Stunden reduziert wird, kann man die übrige Zeit bereichern und adeln im Gedanken an die Künste und durch den Vorgeschmack vollkommener Mahlzeiten.

In allen Schichten werden die Mahlzeiten weniger werden, aber vollkommen durch die täglichen Nahrungsäquivalente.

Die vollkommene Mahlzeit erfordert:

1. Eine originelle Harmonie der Tafel (Kristall, Geschirr, Dekoration) mit dem Geschmack und den Farben der Speisen.

2. Die unbedingte Originalität der Speisen.

Die »Fleischplastik«

Beispiel: Um den *Alaska-Lachs in Sonnenstrahlen mit Mars-Soße* zuzubereiten, nehme man einen guten Alaska-Lachs, tranchiere ihn und brate ihn mit Pfeffer, Salz und gutem Öl, bis er richtig goldfarben ist. Man füge halbierte Tomaten hinzu, die man vorher mit Petersilie und Knoblauch gegrillt hat.

Unmittelbar vor dem Servieren lege man gerollte Anchovisfilets auf die Scheiben. Auf jede Scheibe ein Zitronenscheibchen mit Kapern. Die Soße wird aus Anchovisstücken, dem Dotter von harten Eiern, Basilikum, Olivenöl, einem Gläschen italienischem Aurum-Likör zusammengestellt und durchpassiert. (Rezept von Bulgheroni, dem Chefkoch der »Gänsefeder«)

Beispiel: Um die *Schnepfe à la Monterosa in Venus-Soße* zuzubereiten, nehme man eine schöne Schnepfe, säubere sie, bedecke die Brust mit Schinken- und Speckscheiben, lege die Schnepfe in eine Kasserolle mit Butter, Salz, Pfeffer, Wacholder und backe sie 15 Minuten lang in einem sehr heißen Ofen, wobei man sie mit Cognac beträufele. Sobald man sie aus der Kasserolle genommen hat, lege man sie auf eine große viereckige, mit Rum und Cognac durchtränkte Brotrinde und bedecke sie mit Blätterteig. Dann gebe man sie wieder in den Ofen, bis der Teig gut durchgebacken ist. Man serviere sie mit folgender Soße: ein halbes Glas Marsala und Weißwein, vier Löffel Heidelbeeren, etwas zerkleinerte Orangenschale, das Ganze 10 Minuten lang gekocht. Man gebe die Soße in eine Sauciere und serviere sie sehr heiß. (Rezept von Bulgheroni, dem Chefkoch der »Gänsefeder«)

3. Die Erfindung plastischer Geschmackskomplexe, deren originelle Harmonie in Form und Farbe die Augen laben und die Phantasie anregen möge, bevor die Lippen probieren.

Beispiel: Die vom futuristischen Maler Fillia kreierte *Fleischplastik*, eine synthetische Interpretation der italienischen Landschaften, bestehend aus einem großen zylindrischen Stück gebratenem Kalbfleisch, das mit elf verschiedenen Sorten gekochtem Gemüse gefüllt ist. Dieser Zylinder,

der senkrecht im Mittelpunkt des Tellers steht, wird von einer dicken Honigschicht bekrönt und an der Basis von einem Wurstring gestützt, der auf drei goldenen Kugeln aus Hühnerfleisch ruht.

Äquator + Nordpol

Beispiel: Die von dem futuristischen Maler Enrico Prampolini kreierte Plastik *Äquator + Nordpol* besteht aus einem äquatorialen Meer von roten Eidottern und Austern mit Pfeffer, Salz, Zitrone. Im Mittelpunkt taucht ein Kegel von geschlagenem und gestocktem Eiweiß auf, gespickt mit Orangenstückchen wie mit saftigen Abschnitten der Sonne. Die Kegelspitze wird von schwarzen Trüffelstücken besetzt sein, die Neger-Flugzeuge bei der Eroberung des Zenits darstellen.

Diese Geschmacks-, Farb-, Duft- und Berührungsplastiken werden vollkommene Simultan-Mahlzeiten bilden.

4. Die Abschaffung von Gabel und Messer für die plastischen Komplexe, damit noch vor der Berührung durch die Lippen das Wohlgefallen der taktilen Berührung gewährt wird.

5. Die Anwendung der Kunst der Düfte, um das Kosten zu befördern.

Jeder Speise muß ein Duft vorausgehen, der durch Ventilatoren von der Tafel weggeweht wird.

6. Die Darbietung von Musik, auf die Pausen zwischen den einzelnen Gängen beschränkt, damit die Sensibilität der Zunge und des Gaumens nicht abgelenkt und der Geschmacksgenuß nicht ausgelöscht werde, um so die Jungfräulichkeit des Kostens und Probierens wiederherzustellen.

7. Die Abschaffung der Beredsamkeit und des Politisierens bei Tisch.

8. Die feine Dosierung von Poesie und Musik als überraschende Beigaben, um mit ihrer sinnlichen Intensität die Geschmacksnuancen einer gegebenen Speise zu erschließen.

9. Die rasche Aufeinanderfolge der Speisen unter den Nüstern und Augen der Gäste, von einigen Speisen, die sie essen, und anderen, die sie nicht essen werden, um die Neugier, die Überraschung und die Phantasie zu befördern.

10. Die Kreation von simultanen und veränderlichen Bissen, die zehn, zwanzig verschiedene Geschmacksmomente enthalten und in wenigen Augenblicken gekostet werden können. Diese Bissen werden in der futuristischen Küche eine ähnliche Funktion der Steigerung ins Ungeheure haben wie die Bilder in der Literatur. Ein solcher Bissen wird einen ganzen Lebensabschnitt zusammenfassen können, die Entwicklung einer Liebesleidenschaft oder eine ganze Reise in den Fernsten Orient.

11. Die Ausstattung der Küche mit wissenschaftlichen Instrumenten: *Ozonisatoren*, die flüssigen und festen Lebensmitteln den Duft des Ozons geben, *Lampen für ultraviolette Strahlen* (da viele Nahrungsmittel, die ultraviolett bestrahlt werden, aktive Eigenschaften annehmen, besser aufgenommen werden können, die Rachitis bei Kindern verhindern usw.), *elektrische Geräte*, um Säfte, Extrakte usw. zu bereiten, um derart aus einem bekannten Produkt ein neues Produkt mit neuen Eigenschaften zu gewinnen, *feinste Mühlen*, um die Pulverisierung von Mehl, Trockenfrüchten, Gewürzen usw. zu ermöglichen; *Destillierapparate für normalen Druck und für das Vakuum, Überdruckzentrifugen, Dialysatoren*. Der Gebrauch dieser Apparate wird ein wissenschaftlicher sein

müssen, damit z. B. der Fehler vermieden wird, Speisen in Dampfdrucktöpfen kochen zu lassen, deren hohe Temperaturen die Zerstörung der aktiven Stoffe (Vitamine usw.) bewirkt. Die chemischen *Indikatoren* werden Rechenschaft abgeben über den Säure- und Alkaligehalt der Leckerbissen und so mögliche Fehler korrigieren können: zu wenig Salz, zuviel Essig, zuviel Pfeffer, zu süß.

F. T. MARINETTI

Die »Italienische Küche«, eine von Umberto und Delia Notari mit Genialität und großer Kompetenz geleitete Zeitung, startete eine Umfrage, während die weltweite Polemik für und gegen die Pasta asciutta und für und gegen die futuristischen Gerichte wütete.

Neben vielen anderen verteidigten die Doktoren Bettazzi, Foà, Pini, Lombroso, Ducceschi, Londono, Viale die Pasta asciutta. Diese gehorchen, wenig wissenschaftlich, der Rechthaberei ihres Gaumens. Sie scheinen bei Tisch zu sprechen, in einer Trattoria in Posillipo, den Mund selig voll Spaghetti mit Muscheln. Sie haben nicht die geistige Klarheit des Laboratoriums. Sie vergessen die hohen dynamischen Pflichten der Rasse sowie den beängstigenden Wirbelsturm glänzender Geschwindigkeiten und der äußerst heftigen widersprüchlichen Kräfte, die das moderne Leben bestimmen

Obwohl sie sich alle Mühe geben, ihre Eßfreuden zu legitimieren, müssen sie zugeben, daß andere Speisen mindestens ebenso nahrhaft sind wie die Pasta asciutta.

Einige von ihnen erklären, daß die Düfte, die Musik usw. lediglich Reizmitteln vergleichbar seien, während sie von uns als Mittel betrachtet werden, den Esser in einen optimistischen Gemütszustand zu versetzen, der besonders einer guten Verdauung förderlich ist. Und nicht allein das: die Düfte, die Musik und die Berührungsreize, die die futuristischen Speisen würzen, bereiten den heiteren und männlichen Seelenzustand vor, der für den Nachmittag und die Nacht unentbehrlich ist.

Alle Verteidiger der Pasta asciutta und all die erbitterten Gegner der futuristischen Küche sind von melancholischem Temperament, zufrieden mit der Melancholie und Propagandisten der Melancholie.

Jeder Pasta-asciutta-Esser, der ehrlich das eigene Gewissen befragt, wenn er zweimal täglich seine Pyramide von Pasta asciutta verschlingt, wird in sich die traurige Genugtuung finden, damit ein schwarzes Loch zuzustopfen. Dieses gierige Loch ist seine unheilbare Traurigkeit. Er täuscht sich, denn er stopft es nicht zu. Nur ein futuristisches Mahl kann ihn erfreuen.

Die Pasta asciutta ist zudem unmännlich, weil der beschwerte und beengte Magen niemals der physischen Begeisterung für die Frau und der Möglichkeit, sie geradewegs zu besitzen, förderlich ist.

In der erwähnten Umfrage glänzt jedoch die Intelligenz der Ärzte, die sagen:

»Der gewohnte und übertriebene Verzehr der Pasta asciutta ist sicher ausschlaggebend für die Verdickung und das übermäßige Volumen des Leibes.

Die großen Pasta-asciutta-Esser sind von langsamem und friedfertigem Charakter, die Fleischesser von schnellem und aggressivem Charakter.«

Prof. NICOLA PENDE (Kliniker)

»Nach biologischem Gesetz muß man mit den Lebensmitteln abwechseln: die ständige Wiederholung desselben Lebensmittels ist, wie die Erfahrung lehrt, schädlich.«
Senator Prof. U. GABBI (Kliniker)

»Ich halte dafür, daß der Gebrauch der Pasta asciutta für den geistigen Arbeiter schädlich sein dürfte, ebenso für Personen mit sitzender Lebensweise und vor allem für jene, die sich außer der Suppe Fleisch und andere Gerichte leisten.«
Senator Prof. ALBERTONI

»Es ist eine Frage des Geschmacks und des Marktpreises. In jedem Fall empfiehlt sich gemischte Kost: sie sollte nie aus einem einzigen Lebensmittel bestehen.«
Prof. A HERLITZKA (Physiologe)

»Der Nährwert der Pasta asciutta weist keine besonderen Merkmale auf, derentwegen sie anderen Mehlprodukten vorzuziehen wäre.«
Prof. ANTONIO RIVA (Kliniker)

»Man kann die Pasta asciutta nicht als leichtverdauliche Speise betrachten, weil sie den Magen ausdehnt und nicht, wie das Brot, eine ausreichende Vorbereitung durch das Kauen erfährt.«
Prof. Dr. C. TARCHETTI

Andere Umfragen, für und gegen die Pasta asciutta, wurden vom »Giornale della Domenica« in Rom und anderen italienischen Zeitungen durchgeführt. Der Herzog von Bovino, Oberbürgermeister von Neapel, erklärte als Antwort auf eine dieser Umfragen, daß »die Engel im Paradies nur Fadennudeln mit Tomatensoße essen«, und bestätigte damit die wenig attraktive Monotonie des Paradieses und des Lebens der Engel.

Inzwischen griff die Polemik durch Hunderte von Artikeln um sich. Denken wir nur an die Schriften von Massimo Bontempelli, Paolo Monelli, Paolo Buzzi, Arturo Rossato, Angelo Frattini, Salvatore di Giacomo usw.

Denken wir an die verschiedenen Stellungnahmen der römischen Köche Ratto, Giaquinto, Paggi, Alfredo, Cecchino, »Frau« Elvira usw.; alle, weil unfähig, ihre Küche zu erneuern, sprachen sich für die Pasta asciutta aus.

Erinnern wir uns der Ausgabe des »Travaso« in Rom, die ausschließlich der futuristischen Küche gewidmet war, oder der unzähligen Karikaturen, die in »Guerin Meschino«, »Marc'Aurelio«, »420«, »Giovedi« usw. erschienen.

Aber während die Gegner der futuristischen Küche sich mit billiger Ironie und nostalgischem Bedauern zufriedengaben, wuchs die Zustimmung und Begeisterung für den Kampf gegen die Pasta asciutta.

Alle diese Artikel überstrahlte der von Ramperti, im »Ambrosiano« als »offener Brief an F. T. Marinetti« publiziert:

Mein Lieber,
Erinnerst Du Dich? Du hast einmal geschrieben, daß ich, Marco Ramperti, zur äußersten Rechten des futuristischen Parlaments gehöre. Du bist die Liebenswürdigkeit in Person, mein lieber Marinetti, mit all den Faustschlägen und Ohrfeigen Deiner Überfall-Dialektik, und Du konntest nicht anmutiger sagen als einer, der Dir zwar als Freund zugetan ist, aber seine eigenen Ideen hat, daß die nicht immer jene des Takti-

lismus und der befreiten Worte sind. Du wolltest mir eine Freundlichkeit erweisen und hast mir ein Plätzchen zu Deiner Rechten überlassen, unter denen, die noch zu bekehren sind, während Du mich doch sehr gut draußen vor der Tür lassen konntest, bei den unheilbaren und rechtlosen Passatisten. Seit diesem Tage, ich gestehe es Dir, haben mich Deine Gesetzesdekrete oftmals in das grausame Dilemma gestoßen, Dir entweder mein Rücktrittsgesuch einzureichen oder aber das Deine zu verlangen, so spürbar war die Meinungsverschiedenheit, die meine Anwesenheit in Deiner Versammlung unerträglich machte. Gerade da kommt Dein kulinarischer Aufstand, Dein Manifest gegen die Pasta asciutta: und gerade da wechselt Dein blasser Ehren-Futurist, wiederbelebt, erleuchtet, neu geboren in einem Moment treuer Kühnheit, mit einem Sprung von der äußersten Rechten zur äußersten Linken Deiner Uniformen hinüber, und, bei Gott, er schreit Dir seine volle, absolute, fanatische und verzweifelte Zustimmung entgegen.

Obwohl ich, ach!, nicht der Jüngste Deines Regiments bin, bitte ich Dich jetzt, o Marinetti, die Fahne dieser Deiner letzten Offensive tragen zu dürfen. Mir scheint, daß die Ernährungsrevolution von allen Revolutionen, die Du je proklamiert hast, die am besten durchdachte ist. Und in der Tat scheint sie die schwierigste. Du siehst, wie die Italiener, wenn ihr Magen betroffen ist, sich schon gegen Dich auflehnen. Den Taktilismus, die befreiten Worte, die Geräuschmusik nehmen sie hin. Den Faustschlag, den Sprung, den Sturmschritt nehmen sie hin: aber nur mit ihrer Portion Spaghetti. Sie akzeptieren es und wollen es selber, daß sie die führende Stellung in der Welt wiedererlangen müssen: aber sie sind darauf eingestellt, diesen Vorrang für einen Teller Makkaroni abzutreten, wie Esau einst für ein Linsengericht. Du siehst, wie es beschaffen ist, leider, dieses unser Volk. Es ist imstande, auf alle Bequemlichkeiten zu verzichten, auf alle Vorteile, aber nicht auf den Appetit. Ach, Marinetti, Du darfst nicht glauben, daß die Schlacht diesmal leicht sein wird! Gerade deshalb bitte ich um die Ehre, Dir dienen zu dürfen. Aber glaube mir: es wird Mut nötig sein. Es wird viele Pfiffe geben; die Pasta asciutta wird wieder auf den Tisch kommen; und wir werden – wer weiß wie lange – vollen Bäuchen und leeren Herzen predigen müssen.

Macht nichts. Wir werden besser siegen, wenn wir spät siegen, wie bei allen guten Revolutionen. Die unsere meldet sich inzwischen zu Wort, errichtet ihr Gesetz. Nachdem die Italiener dem futuristischen Grundsatz zugestimmt haben, wonach man möglichst agil, wach, schnell, elektrisch, rasend werden muß, wird wohl der Tag kommen, an dem sie sich überzeugen, daß, um einen solchen Zustand der Grazie zu erreichen, nichts besser ist, als wenig und erlesen zu essen und die eigenen Nudeln auf den Tropfen des Wesentlichen und die Krume des Löwen zu beschränken. In Wahrheit ist diese Deine letzte Propaganda, o Marinetti, die konsequenteste und logischste von allen, die sich aus Deinem grundlegenden Manifest von vor zwanzig Jahren ableiten: und man würde, ohne über die Zähigkeit und Halsstarrigkeit gewisser Gewohnheiten des Magens nachzudenken, so viel Widerstand gar nicht begreifen. Es ist nicht das erste Mal, daß ein Volk uns lehrt, daß es auf alles verzichten kann, außer auf einen Leckerbissen. Ein Franzose, der die Deutschen schätzte, Graf Gobineau, pflegte zu sagen, daß von jenseits des Rheins niemand einer Feigheit fähig wäre, außer für eine Wurst mit Kraut. Es ist ein Urteil, das mir wieder in den Sinn kommt, wenn ich an jenen Hanswurst denke, der allem widerstand, außer einer Handvoll Fadennudeln. Diese große

Liebe zur Pasta asciutta ist eine Schwäche der Italiener, und Du hast hundert Gründe, eine Bresche hineinzuschlagen. Es gibt die Achillesferse, und es gibt den Gaumen des Futuristen. Nun ist unter allen Speisen, die man verschlingt, die einen lähmen und die Deinem Programm der Schnelligkeit, Elastizität und Energie widersprechen, genau die weitestverbreitete und schädlichste die Pasta asciutta. Doch wenn sie die unheilvollste ist, ist sie auch die am wenigsten verdammte. Und das ist die Triebfeder Deiner Revolte der Wiedergutmachung. Was bedeutet diese andere Gewohnheit, dieses andere Laster, diese andere Verworfenheit? Befreien wir uns auch von der Pasta asciutta, denn auch sie ist Sklaverei. Die uns die Backen aufbläst, wie bei Brunnenfiguren; die wir in die Röhre kriegen, wie bei Geburtstagstruthähnen; die uns mit ihren weichlichen Schnüren die Eingeweide zusammenbindet; und die uns das Blut zu Kopf steigen läßt und uns zu seufzenden Apoplektikern verdummt, mit jenem Gefühl der Nutzlosigkeit, das je nach dem Individuum Vergnügen oder Schande vermittelt, das aber jedenfalls von demjenigen, der sich rühmt, eine futuristische Seele zu haben oder auch nur jung und wach zu sein, verabscheut werden muß.

Kurz, mein lieber Marinetti, Du hast die Gefahr und die Schmach dieses Mythos der Makkaroni vollkommen verstanden: als »Makkaronis« haben sie uns von jenseits der Alpen einige unanständige Metaphern eingebracht. Man sagte einmal, wir würden die Spaghetti mit den Fingern essen: und vielleicht war der Sinn der üblen Nachrede, daß eine derartige Gefräßigkeit mit Schlampigkeit und Schmutz einhergehen müßte. Aber Gabeln würden sie uns zugestehen, vielleicht um das Recht zu haben, in Genf zu sagen, daß auch die Italiener bis zu den Zähnen bewaffnet sind: doch die Spaghetti werden aus unserem folkloristischen Bild nicht verschwinden. Man weiß heute in ganz Europa, wie viele Portionen davon Primo Carnera gegessen haben soll, ebenso wie man 1894 wußte, wie viele davon Francesco Crispi verschlungen haben soll. Der Italiener der Allegorien sitzt doch immer mit gierig aufgesperrtem Mund bei einem Teller voll Bandnudeln, wenn es nicht von dünner Soße triefende Fadennudeln sind. Und das ist eine beleidigende Vorstellung: komisch, unförmig, häßlich. Man sollte die Nichtigkeit dieses unseres Appetits herausstellen, zusammen mit seinem tierischen Ungestüm. Im Grunde nährt die Pasta asciutta nicht. Sie füllt: aber erneuert nicht das Blut. Ihre Substanz ist minimal im Vergleich zu ihrem Volumen. Aber sie ist eben, würden die boshaften Allegorien sagen, eine wahrhaft italienische Speise. Unsere Pasta asciutta ist wie unsere Rhetorik, die nur dazu gut ist, uns den Mund zu füllen. Ihr Geschmack besteht immer in einem Überfall auf ausgereckte Kinnladen, in einer wollüstigen Atzung, in dem vollständigen Zusammenhang der Pasta mit dem Gaumen und den Eingeweiden, wobei man sich ganz eins mit ihr fühlt, zusammengeballt und wieder verschmolzen. Aber es ist ein Schweinegeschmack, eine billige Wonne. Kaum hinuntergeschluckt, wirken die Spaghetti verheerend und belastend. Und wir fühlen uns plötzlich mit Blei beschwert wie Falschgeld. Etwas hängt uns unten wie ein Klotz am Bein. Leichte Silben und lebhafte Bilder stehen uns nicht mehr zu Gebote. Die Gedanken verknäulen sich, einer im andern, verwirren sich, verwickeln sich wie die eingenommenen Fadennudeln. In gleicher Weise ballen sich die Worte zusammen. Der wenige Saft, den sie auf die Lippen bringen, ist Tomatensoße. Wehe, wenn in diesem Moment ein Partner oder eine Geliebte in der Nähe ist. Das Madrigal ist abgeschmackt, der Witz idiotisch, die Argumentation unmöglich, unterbrochen, wie sie von den Zuckungen der Gedärme wird. Wie man weiß, werden die Sünden der Gefräßigkeit vom Herrgott am schnellsten bestraft. Die Sünde der Pasta asciutta wird augenblicklich gesühnt. Es ist der Bauch, der sich auf Kosten des Gehirns aufbläht. Es ist die Fesselung oder Verbannung aller liebevollen oder spirituellen Geister. Versucht es nur, nachdem der Bauch zum Platzen voll Bandnudeln ist, eine Polemik zu starten. Oder auch nach Kythera aufzubrechen. Ich schwöre euch, ihr werdet schon bei der ersten Etappe steckenbleiben, wenn ihr nicht die Abreise ganz aufgegeben habt. Welch ein verlorenes Paradies, für einen Augenblick tierischen Vergessens!

MARCO RAMPERTI

V. G. PENNINO, Chefberichterstatter der »Gazzetta del Popolo«, greift mit folgendem Brief an F. T. Marinetti in die Polemik ein:

Als Ihr glühender Bewunderer, schon seit ich als Junge mit leidenschaftlicher Anteilnahme die läuternden Kämpfe verfolgte, die Sie gegen die Gleichgültigkeit und das Unverständnis der Italiener dieser Epoche führten, habe ich mit Begeisterung das Manifest der futuristischen Küche gelesen. Daß man denkt, träumt und handelt nach Maßgabe dessen, was man trinkt und ißt, ist ebenso richtig wie daß die Menschen sich in bezug auf die Ernährung noch heute mit Unsicherheiten, Widersprüchen und Irrtümern jeder Art herumschlagen. Wer kocht, ist offenbar voreingenommen: man schluckt hinunter und füllt den Magen, wie man einen Sack füllt, man reizt und vergiftet sich mit Gewürzen und Panschereien, *statt eine gesunde, kraftvolle, schmackhafte, den Augen, den Fingern und dem Gaumen angenehme Speise zuzube-*

reiten, die in kleiner Menge Kraft und Substanz gibt, die mit Bildern von wilden Panoramen, mit Düften tropischer Gärten die Phantasie weckt und einen träumen läßt, ohne daß man alkoholische Getränke dazu braucht. Gesegnet sei also der Windstoß der Erneuerung und Heilung in der drückenden Atmosphäre der Küche Italiens, gesegnet der Kampf gegen die verhängnisvolle Pasta asciutta, die durch ihre mühevolle Verdauung den Körper beschwert und den Geist abstumpft. (Man beachte, daß ich Neapolitaner bin und das ganze Unheil dieser Ernährungsweise kenne.) Erst wenn von den Tischen der Halbinsel die sperrige und einschläfernde Pasta asciutta verbannt ist und die Küche nicht länger das Reich unfähiger Hausfrauen sowie unwissender und giftmischerischer Köche ist, sondern eine Schmiede weiser chemischer Verbindungen und ästhetischer Reize, *wenn es gelingt, eine Ernährung zu schaffen und zu verbreiten, die die geringste Menge mit einem Maximum an explosivem, dynamischem Nährwert in Einklang bringt,* erst dann werden die Willenskraft, die Lebhaftigkeit, die Phantasie, der schöpferische Genius der Rasse zu ihrer vollen Entfaltung gelangen.

Aber der Kampf gegen die Pasta asciutta genügt nicht. Man muß noch andere Idole umstürzen, abwegige Traditionen in Verwirrung bringen: *erklären, daß das Weißbrot,* beispielsweise, schwer und fade, *ein unnützes Lebensmittel ist,* das im Magen einen unverdaulichen Block bildet und durch andere duftende und substantielle Einheiten ersetzt werden muß; *daß der Reis ein kostbares Lebensmittel ist,* aber unter der Voraussetzung, daß er nicht durch das Schälen seiner pflanzlichen Stoffe beraubt wird; *daß das Gemüse wahre Schätze für den menschlichen Organismus enthält* (Eisen, Phosphor, Vitamine, Eiweißstoffe, Kalzium-, Kalium-, Magnesiumsalze usw.), wenn solche Schätze nur nicht durch das absurde

Kochen zerstört werden, und daß schließlich die Theorie der Kalorien und der Notwendigkeit der Aufnahme großer Mengen von tierischem Eiweiß und Fett überholt ist und daß nunmehr gezeigt wurde: eine Speise, die wissenschaftlichen Erkenntnissen von den Erfordernissen unseres Organismus entsprechend zusammengestellt ist, in geringer Menge genossen, gibt weit mehr Kraft und Energie als Makkaroni-, Fleisch- und Eiergerichte, die diejenigen verzehren, die *sich gut nähren* wollen. Jedes Volk muß seine eigene Ernährungsweise haben, *und diejenige des italienischen Volkes muß auf Erzeugnissen dieser warmen, unruhigen, vulkanischen Erde beruhen;* sie muß daher zu drei Vierteln aus den wunderbaren pflanzlichen Produkten bestehen, um die uns die ganze Welt beneidet, und zu einem knappen Viertel aus tierischen Produkten. Diese sollten besonders von den geistig Arbeitenden mit großer Sparsamkeit genossen werden, wogegen der Soldat, der Handwerker und ganz allgemein jeder, der eine große körperliche Leistung erbringen muß, mehr davon verzehren kann. (Das Gegenteil dessen, was gewöhnlich geschieht.) Es ist gut zu wissen, daß eine fein gehackte rohe Karotte mit Öl und Zitrone, ein Teller Zwiebeln oder Oliven oder dieses alles zusammen, mit ein paar Nüssen und einem Stück Schwarzbrot, ein weit tauglicherer und einträglicherer Brennstoff für den menschlichen Ofen ist als die berüchtigten Makkaroni mit Fleischsoße oder die Bandnudeln à la Bolognese oder das Schnitzel à la Bismarck. Andrerseits lassen sich mit den einfacheren, gesünderen, substantielleren Dingen Gerichte bereiten, die den Augen, dem Gaumen, der Phantasie weit intensivere Reize bieten als die Speisen, die heute die besten Tafeln zieren.

So werden die Kämpfe, die Sie begonnen haben – und Härte ist geboten, weil man mit dem Kopf gegen die Wand festgefügter und zäher Traditionen anrennen muß, gegen mächtige Interessen und allgemeine Unwissenheit –, große Zustimmung im Italien von heute finden müssen, denn daß Sie ein überkommenes, allzu sehr in der Vergangenheit verwurzeltes Ambiente erneuern wollen, *ist von enormer sozialer und wirtschaftlicher Bedeutung,* insbesondere wenn die von Ihnen formulierte Einladung zur Chemie bei den italienischen Wissenschaftlern gute Aufnahme findet. Ein französischer Chemiker – Prof. Mono – hat »Nahrungskonzentrate« erfunden, deren Wirksamkeit er experimentell erprobt hat, doch haben sie den Makel, aus dem Ausland zu kommen und vor allem recht teuer zu sein. Wünschen wir uns, daß italienische Chemiker mehr und Besseres zustande bringen werden.

Entschuldigen Sie, daß ich mir erlaubt habe, Ihnen diese eiligen Anmerkungen zu schicken, die mir Ihr herrliches Manifest eingegeben hat, aber ich habe gedacht, daß unter den vielen Briefen, die Sie zweifellos erhalten werden, die begeisterte Zustimmung eines Menschen, der sich in seinem bescheidenen Rahmen mit Ernährungsproblemen auseinandersetzt, nicht unwillkommen sein dürfte.

G. V. PENNINO

Von den vielen Artikeln, die zugunsten des futuristischen Kampfes gegen die Pasta asciutta erschienen, wollen wir die originellsten erwähnen:

Der Chefkoch des Königs

Cavaliere Pettini, Chefkoch Seiner Majestät des Königs von Italien, bringt ein deutliches Wort in den Streit ein: »Zweifellos belasten die Mehlprodukte den Körper und folglich... bedrohen sie die Intelligenz«, und weiterhin, in dem an die Zeitung »Die Italienische Küche« gerichteten Brief, bestätigt er noch »die Notwendigkeit von Erneuerungen, des Modernismus, auch in der Küche; denn auch sie muß der Zeit entsprechen, ja, ihr sogar vorauseilen«.

Schopenhauer und die Pasta asciutta

In einem Artikel über die futuristische Küche bemerkt Dr. Angelo Vasta: »Die Neapolitaner haben sich aufgelehnt, aber es muß eben erwähnt werden, was ihr Mitbürger Dr. Carito in der »Gichtkranken Menschheit« schrieb: ...unser einfaches Volk ist noch in einer primitiven Phase. Es hat so gut wie keine Fortschritte gemacht seit der Zeit, da Schopenhauer bei Sichtung seiner täglichen Speise diese in genialer Weise als *Ernährung der Resignierten* charakterisierte.

Ach, auch in unseren höheren, intellektuellen Klassen, sogar in den sogenannten ›führenden‹, versteht man sich nicht gut zu ernähren! Daher die Stumpfheit des physiologischen Lebens mit seinen unvermeidlichen Übeln, die in die psychische Sphäre zurückstrahlen. Daher jener Ruf der ›Trägheit‹, mit dem wir in den vergangenen Jahrhunderten bedacht und beschimpft wurden. In allem, was Ernährung, Bewegung, sportliche Übungen betrifft, müssen wir uns radikal reformieren...«

Ein Arzt um 1500 gegen die Pasta asciutta

In einem Artikel im »XIX. Jahrhundert« in Genua erhebt sich Amedeo Pescio gegen jene, die die verschiedenen Nudelsorten den Ruhm und die Ehre der Genueser nennen. Und er schreibt: »Giovanni da Vigo eröffnete den Feldzug gegen die Pasta asciutta im 16. Jahrhundert, als der hochgelehrte gute Mann aus Rapallo Päpste und Fürsten, Prälaten und Minister behandelte, also durchaus dynamische Leute, die aber nicht davon loskamen, Körbe voll Steinkohlen zu verdauen. Nun wohl, der größte Chirurg *unserer Stadt* (wie er sagte, wenn er Genua meinte) schrieb ›Die Praxis der Chirurgischen Kunst‹. Im IX. und letzten Kapitel findet man eine ausdrückliche und förmliche Warnung vor dem Mißbrauch der Pasta asciutta; die Empfehlung gegen zu starke Aufgedunsenheit um 1500 lautet fast marinettihaft: Alle Speisen aus Teig dürfen nur sehr sparsam genossen werden – »pasti alia denique et victualia paste rarissime sunt concedenda«.

Die Pasta asciutta ist ostgotischen Ursprungs

Libero Glauco Silvano schlägt in einem langen Artikel »Beitrag zu einer futuristischen Kochkunst« einige Neuerungen der Ernährungsweise vor. Geben wir hier den Teil seines amüsanten Artikels gegen die Pasta asciutta wieder:

Es war bei Gott an der Zeit, mit einem barbarischen Gericht Schluß zu machen, das wie ein Schmarotzer in unserer ultramodernen Zivilisation lebte: ich spreche von den Makkaroni mit Soße, mit Tomaten, oder wie es euch sonst gefällt. Unter den anderen tierischen Gerichten kam uns nur dieses vor wie ein Schimpansen-Weibchen im Salon sentimentaler Damen: und nur durch einen von der Tradition geheiligten Irrtum ertrug man weiterhin seinen plebejischen Gestank. Das Volk, roh und ölig von Unrat, in dessen Mitte er geboren war, bewahrte seinen Namen in der Erinnerung: Makkaroni. Irgendein guter Kerl von Koch, ein Schüler und Jünger von Brillat-Savarin, war letzthin sehr damit beschäftigt, ihn zu adeln und ihm jenen Tango des Lumpengesindels vom Halse zu schaffen: er hatte ihn gebeten, sich nicht mit gewissen aufgeblasenen und plumpen Zwiebeln einzulassen, die fett wie Matrosenliebchen waren, mit gewissen Knoblauchknollen, die blaß geworden waren und von verborgenen Seuchen ausgezehrt, mit ranzigem, bocksartigem Öl. Aber unter dem neuen Balg hatte er das Auftreten und die Gemeinheit des Emporkömmlings, und nichts galt ihm der fortgesetzte Verkehr mit jenem netten und epikureischen Herrn, der Butter hieß. Er hatte immer denselben Bauch, aufrührerisch und aufdringlich: und wo immer er eintrat, in das Haus des Armen oder des Reichen, rollte er mit den Augen, wie um Achtung und Ehrfurcht einzuflößen, fast ließ er sich herab vom allzu hohen Roß, um die übrigen gastronomischen Kreaturen nicht für weniger als nichts halten zu müssen.

Aber welches waren, bitte sehr, seine Adelstitel? Die »Chronik der Denkwürdigkeiten« von Dacovio Saraceno besingt zum Glück für uns sein Leben und seine Wunder: »Der Macarono ward geboren und aufgezogen bey den Ost-Gothen, welchselbe oft und gerne sich mit eben demselben trösteten. Besagter Macarono war von Getreide-Spelt und hatte seinen ersten Aufenthalt in dem Reiche des Groß-Fürsten Theoderich, das heißet in Ravenna, wo selbiger Fürst ihn dem Rotufo anvertrauet hatte, seinem allergenialsten Koche. Ihn kannten die Untertanen des Königs, wegen der Tugend der Kochs-Frau, die sich in den Offizier der Palast-Wache verliebet hatte, welchselbem sie, zwischen einem Kusse und einem Schmatze, das Da-Seyn des besagten Macarono anvertrauete. Ergo, die Liebe zu dem nämlichen Macarono breitete sich im ganzen Volke aus; und sie kochten ihn mit Zwiebeln und Knoblauch und Pastinaken-Gemüse;

und sie bereiteten ihn mit dem Saft der Gurke; und sie leckten sich Finger sowie Schnauze.«

Ah, die liebenswürdigen Herrchen, die sich wahrhaftig die Finger und die Schnauze leckten! Es paßte gut zu ihren verhärteten Gaumen, dieses mit Gurkensaft zubereitete Nahrungsungetüm. Schon scheine ich sie zu sehen, die bärtigen Ostgoten, wie sie sich daranmachen, mit den schweren Schwertern weite Löcher ins Gras zu graben, wie sie sich ringsherum niederhocken und sich den Mund mit den Bartenden abwischen, in seraphischer Erwartung. Dann kamen die würdigen Gefährtinnen, ausgemergelt und schmutzig, um den klebrigen Würmerhaufen der »Makkaroni« auf den improvisierten Teller zu schütten, mit den Armen bis zum Ellbogen in das rauchende Loch eingetaucht, die Münder weit aufgerissen – miau miau –, mit triefenden Augen über erdigen Wangen vor übermäßiger Glückseligkeit.

Im Hochmittelalter (Cordazio Camaldolese: *Speisen im Gebrauche bey unseren mannigfachen Landen und Regionen und Inseln und Halb-Inseln und dergleichen Gegenden, nebst Erklärung der Weise, sie in der Küche zuzurichten*) wurden die Gurken durch Tomaten ersetzt, deren Anbau schon weit verbreitet war, seit Bruder Serenio, bei seiner Rückkehr aus China, den äußerst kostbaren Samen mitgebracht hatte – und nicht Samen der Seidenraupe, wie man gewöhnlich glaubt (vgl. zu diesem Betracht das endgültige Werk historischer Exegese, verfaßt von Valbo Scaravacio und betitelt »Wahrheit und Dummheit«: Verlagshaus Pirocchi in der Straße Sant'Anselobio, 8 Taler). Ein sehr minutiöser, oft weitschweifiger Biograph von Boccaccio berichtet, daß der Autor des Decamerone sich von seiner Frau die Makkaroni mit bitterer Mandelmilch zubereiten ließ: »aber«, sagt der Biograph, »der ausgezeichnete Schriftsteller konnte sie nicht gleich verdauen.«

Vielleicht weil Boccaccio, füge ich hinzu, einen zu guten Geschmack hatte, um dieses Gericht ruhig hinzunehmen: und, wie auch immer man es zubereitete, sein aristokratischer Gaumen lehnte es ab. Jedoch, so willig oder widerwillig es auch geschehen mochte, er schluckte die Makkaroni hinunter, weil es nicht einmal ihm einfallen durfte, daß sie zu entbehren sein könnten, so sehr war er der Tradition verhaftet.

Wenig später, in der letzten Phase der Renaissance, wurde das verfluchte Gericht wieder nicht in Vergessenheit begraben. Als man kaum noch darüber sprach, erschien jener geräuschvolle Liederjahn von Aretino und setzte es wieder auf den Altar: und welches Propagandamittel wäre wirkungsvoller gewesen als seine unverschämt frechen Musen von Fleisch und Bein?

Die an seiner Tafel schmausten, wurden eifrige Befürworter der Makkaroni, und einer von ihnen verfaßte sogar, um sich vor den Augen des würdigen Meisters auszuzeichnen, eine Reihe von Sonetten zum hohen Lobe der Speise, »vor deren Angesicht auch Ambrosia nichts ist«; und der solches tat, war abenteuerlicherweise Martone Dagorazzi mit seinen hundert poetischen Aufsätzen unter dem Titel »Ambrosia der Menschen«.

Gegen Ende des achtzehnten Jahrhunderts begannen viele edle Geister in der Gewißheit, daß die Ursache vieler Übel in jener Speise zu suchen sein müsse, eine lebhafte Kampagne, auf daß die Menschheit jenes Sklavenjoch abschüttele. Zahlreiche Abhandlungen und Bücher unterschiedlichen Umfangs wurden verfaßt: die großen Zeitungen brachten Artikel von Personen, die große Autorität auf dem Feld der Wissenschaften und der Literatur erworben hatten: aber alles blieb wirkungslos gegen den Absentismus der Plebs, nicht zuletzt weil zu jener Zeit der Aberglaube weitverbreitet war, daß die Makkaroni das Gegengift bei allerlei Krankheiten seien, ein universales Allheilmittel. Einen letzten Versuch machte in der ersten Hälfte des neunzehnten Jahrhunderts der große Michele Scrofetta, von dessen Verdiensten zu sprechen sich erübrigt, weil sie den meisten bekannt sind: und dennoch erreichte der hervorragende Gelehrte nichts Nennenswertes.

Erst unsere Epoche hat das Glück zu erleben, daß diese barbarische Sitte endgültig abgelehnt wird. Wir Söhne des Jahrhunderts sind zu vorurteilslos, um in diesem Land den Makkaroni und ihren Zutaten nicht den Abschied zu erteilen: und niemand wird es bedauern oder darüber Tränen vergießen, auch wenn er sozusagen unbewußt dreimal täglich, morgens, mittags, abends, Makkaroni hinuntergeschluckt hat. Puh. Was für eine Schweinerei, die Makkaroni: um sie verschwinden zu machen, sind aus den Häusern Gemälde, Öldrucke, Fotos und alles andere, was sie darstellte, eliminiert worden: und die Verlage haben alle ihre Ausgaben vom Buchmarkt zurückgezogen, um sie einer strengen Zensur zu unterziehen und mitleidslos die Makkaroni zu streichen, und die Bücher dann neu aufzulegen, wenn es nötig werden sollte. Wenn man sie in ein paar Monaten nur wird nennen hören – die Makkaroni, puh –, werden die Leute sie sich auch aus den Eingeweiden reißen.

Ich möchte aber annehmen, daß dieser Sieg, so bemerkenswert er ist, uns nicht auf den Lorbeeren ausruhen läßt. Es gibt andere Gerichte, die sich bei strenger Prüfung als ebenso unwürdig erweisen, die Lobsprüche unserer Feinschmecker und der ehrlichen Familienväter und der äußerst fleißigen Kinder zu ernten. Vielmehr ist es meine Überzeugung, daß sich aus den alten Rezeptbüchern noch ebenso dicke Schmarren machen lassen. Unsere Hausfrauen fahren fort, die Speisen nach alter Sitte zuzubereiten, weil sie nicht wissen, wie man sie sonst zubereiten könnte. Sie spüren dunkel, daß es auf diese und jene Art nicht geht, aber sie wissen nicht, zu welchem anderen Heiligen sie beten könnten. Und da hat sich schon ein erster Kern von Gelehrten gebildet, die nach einer zeitgemäßen Küche suchen. Die Aufgabe indessen ist kolossal: um zu zerstören, genügt eine einzige Hand, die eine Lunte anzündet, um aber wiederaufzubauen, sind Tausende und Abertausende von Händen nötig.

Die Schlacht für Gesundheit, Agilität, Frische des italienischen Intellektualismus

Ferdinando Collai, Chef des Presseamts von Bologna, polemisiert gegen »die schlaffen, pazifistischen, Blutandrang erregenden Schlußfolgerungen der erlauchtesten Geister in der Welt der Mehlstärke, gegen den kariösen Block der verhängnisvollerweise gepriesenen Pasta asciutta à la napoletana oder bolognese«. Und er schließt: »Ich bin mit dem Meister in der heftigen Schlacht für Gesundheit, Agilität, Frische des italienischen Intellektualismus«.

Die Pasta asciutta ist keine Speise für Frontsoldaten

Zur Verteidigung der Pasta asciutta erklärt Paolo Monelli sie zur idealen Speise für Frontsoldaten. Das mag vielleicht für die Alpenjäger stimmen, die von allen Kriegsteilnehmern am ehesten nach Schlachten, Bergbesteigungen und Lawinen brauchbare Ausrüstungen improvisieren können, bequeme Schutzhütten, schnell zusammengestellte, gut eingerichtete Barackenlager und gut geführte Küchen. Es trifft aber nicht zu für die Truppen, die in der Ebene kämpfen. Die Futuristen, die bei Doberdò, bei Selo, auf dem Vertoibizza, bei Plava, in der Gegend von Zagora und später bei Casa Dus, Nervesa und am Kap Sile gekämpft haben, sind bereit zu bezeugen, daß sie immer die schlechteste Pasta asciutta gegessen haben, die sie verspätet und eiskalt bekamen, unter feindlichem Sperrfeuer, das die Offiziersburschen und Köche von den Kämpfern trennte. Wer konnte auf eine warme Pasta asciutta al dente hoffen? Als Marinetti bei Zagora in der Mai-Offensive 1917 verwundet und auf der Tragbahre nach Plava hinuntergeschafft wurde, bekam er von einem Soldaten und Ex-Koch von Savini eine wundervolle Hühnerbrühe: dieser scharfsinnige Koch, so eifrig ergeben er dem sympathischen Klienten auch sein mochte, hätte ihm beim besten Willen keine eßbare Pasta asciutta anbieten können, nachdem auch in seine Bataillonsküche schreckliche österreichische Geschosse eingeschlagen waren und ihm die Kochherde zerschmettert hatten: da zweifelte Marinetti zum ersten Mal an der Pasta asciutta als Kriegsnahrung. Für die Bomber vom Vertoibizza, wie für Marinetti, war die gewöhnliche Nahrung etwas schlammbeschmutzte Schokolade und manchmal ein Pferde-Beefsteak, das in einem mit Eau de Cologne ausgewaschenen Töpfchen gekocht wurde.

Außer der vielfältigen Zustimmung von Köchen, Ernährungswissenschaftlern und Künstlern rief die Polemik um die futuristische Küche eine ganze Reihe von Artikeln und Studien über den »Reis« und seine Eigenschaften ins Leben, über ein italienisches Nahrungsmittel, das verstärkt propagiert und verwendet werden muß.

Die Meinung der Welt

In Paris loderte die Polemik um die futuristische Küche infolge der Veröffentlichung des Manifests von Marinetti in der Tageszeitung »Comoedia« auf, in der Ausgabe vom 20. Januar 1931:

F. T. Marinetti vient de lancer le manifeste de la cuisine futuriste

»Le Futurisme italien, au bout de vingt ans de grandes batailles artistiques et politiques souvent consacrées dans le sang, affronte encore aujourd'hui l'impopularité avec un programme de rénovation intégrale de la cuisine.

Tout en reconnaissant que des hommes mal nourris ont créé de grandes choses dans le passé, nous affirmons cette vérité : que l'on pense, que l'on rêve, que l'on agit selon ce que l'on boit et mange. Consultons à ce sujet nos lèvres, notre langue, notre palais, nos papilles gustatives, les secrétions de nos glandes et pénétrons génialement dans le domaine de la chimie gastronomique.

Nous sentons la nécessité d'empêcher l'Italien de devenir cubique et poussif, et de s'empêtrer dans une lourdeur opaque et aveugle. Qu'il s'harmonise, au contraire, toujours mieux avec la transparence légère, et spiralique de la femme italienne, faite de passion, tendresse, lumière, volonté, élan, ténacité héroïque. Preparons des corps agiles pour les trains extra-légers d'aluminium de l'avenir, qui remplaceront les trains pesants de fer et d'acier.

Convaincus que le peuple le plus agile l'emportera dans les compétitions futures, préparons dès à présent l'alimentation la mieux faite pour une existence toujours plus aérienne et rapide. Nous proclamons avant tout nécessaires:

1) L'abolition de la pastasciutta, absurde religion gastronomique italienne. La pâte ne fait pas de bien aux Italiens; elle fait obstacle à l'esprit vivace, à l'âme généreuse, intuitive et passionnée des Napolitains. Elle enserre les Italiens dans ses méandres, comme les fuseaux rétrogrades de Pénélopes ou les voiliers somnolents en quête de vent. Les défenseurs de la pâte en portent dans l'estomac des ruines, comme les archéologues;

2) L'abolition du poids et du volume dans l'appréciation des aliments;

3) L'abolition des condiments traditionnels;

4) L'abolition de la répétition quotidienne des plaisirs du palais. Nous invitons la chimie à donner au plus tôt les calories nécessaires au corps, grâce à l'absorption d'équivalents nutritifs gratuits, en poudre ou en pillules, de composés albumineux, d'hydrates de carbone, et de vitamines. On fera baisser ainsi le prix de la vie et les salaires, en réduisant les heures de travail. Les machines formeront bientôt un prolétariat servile, au service d'hommes presque allégés de toute occupation manuelle. Le travail quotidien se réduira à deux ou trois heures, et le reste du temps pourra être ennobli par la pensée, les arts, et la dégustation de repas parfaits.

Le repas parfait exige une harmonie originale de la table (cristaux, vaisselle, apprêts), avec la saveur et la coloration des mets, ainsi qu'une originalité absolue de ceux-ci. Exemples:

Saumon de l'Alaska aux rayons de soleil en sauce Mars

On prend un beau saumon de l'Alaska, on le coupe en tranches, on le passe au gril, en l'assaisonnant de poivre, de sel et d'huile fine, jusqu'à ce qu'il soit bien doré. Ajoutez des tomates coupées en deux, que vous aurez fait cuire au gril avec ail et persil. Au moment de servir, posez sur les tranches des filets d'anchois croisés, et sur chaque tranche un disque de citron aux câpres. La sauce sera faite d'anchois, de jaunes d'œufs durs, de basilic, d'huile d'olive, arrosée d'un petit verre de liqueur Aurum et passée au tamis. (Recette de Bulgheroni, chef de la Plume d'Oie).

Bécasse au Monterosa en sauce Vénus

Prenez une belle bécasse, videz-la, recouvrez-la avec des tranches de jambon et de lard, mettez-la en casserole avec beurre, sel, poivre et genièvre, et faites-la cuire au four très chaud pendant un quart d'heure, en l'arrosant de cognac. A peine retirée de la casserole, posez-la sur un canapé de pain grillé, trempé de rhum et de cognac, et recouvrez-la d'un feuilleté; remettez au four jusqu'à complète cuisson de la pâte. Servez avec une sauce faite de vin blanc, d'un demi-verre de marsala, de quatre cuillerées de myrtilles, de découpures d'écorce d'orange, bouillie pendant dix minutes. Mettez la sauce dans la saucière et servez bien chaud. (Recette de Bulgheroni).

Le repas parfait exige aussi l'invention d'ensembles plastiques savoureux, dont l'harmonie originale de forme et de couleur nourrisse les yeux, et excite l'imagination avant de tenter les lèvres. Exemples:

Le »Viandesculpté«

Le *Viandesculpté*, créé par le peintre futuriste Fillìa, interprétation synthétique des paysages italiens, est composé d'une épaule de veau roulée, farcie de onze qualités de légumes verts, et rôtie au four. On la dispose verticalement en cylindre au milieu du plat, on la couronne d'un chapeau de miel, et on l'entoure à la base d'un anneau de saucisses posé sur trois boulettes de viande de poulet hachée et dorée au feu.

Equateur + Pôle Nord

L'ensemble plastique comestible *Equateur + Pôle Nord* créé par le peintre futuriste Enrico Prampolini, se compose d'une mer équatoriale de jaunes d'œufs arrosés de sel, de poivre et de jus de citron. Au centre, se dresse un cône de blancs d'œufs montés et piqués de quartiers d'orange, comme de juteuses sections de soleil. Le sommet du cône sera criblé de truffes, découpées en forme d'aéroplanes nègres à la conquête du zénith. – Ces ensembles plastiques savoureux, colorés, parfumés et tactiles formeront de parfaits repas simultanéistes. Le repas parfait exige enfin:

L'abolition de la fourchette et du couteau pour les ensembles plastiques susceptibles de donner un plaisir tactile prélabial.

L'usage d'un art des parfums pour favoriser la dégustation. Chaque plat doit être précédé d'un parfum, qui sera chassé de la table à l'aide de ventilateurs.

L'usage de la musique, mais seulement dans les intervalles des plats, pour ne pas distraire la sensibilité de la langue et du palais, tout en effaçant la saveur précédente, et en refaisant une virginité dégustative.

L'abolition de l'éloquence et de la politique à table.

L'usage tempéré de la poésie et de la musique, en tant qu'ingrédients improvisés pour allumer la saveur d'un plat avec leur intensité sensuelle.

La présentation rapide, dans l'intervalle des mets, sous les yeux et sous le nez des convives, de certain plats qu'ils mangeront et d'autres qu'ils ne mangeront pas, pour exciter la curiosité, la surprise, et l'imagination.

La création de bouchées simultanéistes et changeantes, qui contiennent dix ou vingt saveurs à déguster en très peu de temps. Ces bouchées auront, dans la cuisine futuriste, la même fonction d'analogie amplifiante que les images en littérature. Une bouchée pourra résumer une tranche entière d'existence, le cours d'une passion amoureuse, ou un voyage en Extrême-Orient.

Une dotation d'instruments scientifiques en cuisine: ozoniseurs pour donner le parfum de l'ozone aux liquides et mets, lampes à rayons ultraviolets pour rendre les substances alimentaires plus actives et assimilables, électrolyseurs pour décomposer les sucs et les extraits et obtenir, pour un produit nouveau, des propriétés nouvelles, moulins colloïdaux pour pulvériser les farines, les fruits secs et les épices à un très haut degré de dispersion, appareils de distillation à pression ordinaire et dans le vide, marmites autoclaves centrifuges, et dialyseurs. L'usage de ces appareils devra être scientifique, de manière à éviter par exemple l'erreur de faire cuire les mets dans des marmites à pression, dont la haute température provoquerait la destruction des vitamines. Enfin, des appareils indicateurs enregistreront l'acidité ou l'alcalinité des sauces, et serviront à corriger les erreurs: trop fade, trop salé, trop poivré.«

F. T. MARINETTI

Hier die Übersetzung des ausgezeichneten Artikels, den der französische Publizist Audisio zugunsten der futuristischen Küche in der Tageszeitung *Comoedia* veröffentlichte:

»Ja, die Pasta asciutta ist durchaus eine Diktatur des Magens, ja, sie bringt eine Regungslosigkeit mit sich, die an Glückseligkeit grenzt, sie ist, die größte Freude des Magens, das schmackhafte Gift, das die Leber ruiniert. Wir gehören nicht zu denen, die sie verachten, wir lieben sie sogar ... aber wir mißtrauen ihr vor allem, wenn sie nach Art der römischen Küche zubereitet ist, das heißt roh. Weil ihre Verdauung ein heimtückisches, langsames Wiederkäuen ist, das zu weichlichen Phantastereien einlädt, zu leeren Träumen, zum skeptischen Verzicht, zum salbungsvollen, im höchsten Grade versöhnlichen Rhythmus.

Man begießt sie vor allem mit Wein von Salerno oder Frascati, um die Langsamkeit des einfachen Volkes und der römischen oder neapolitanischen Prälaten zu verstehen, eine Langsamkeit, die auch der Ursprung jener schmachtenden Sentimentalität, jener heiteren Ironie, jener liebenswürdigen Gleichgültigkeit, jener transzendentalen Weisheit ist, mit denen das ewige Rom, von Horaz bis Panzini, der Dauer der Zeiten trotzt.

Es handelt sich heute darum, den italienischen Menschen wiederherzustellen, denn was nützt es, ihn den Arm zum römischen Gruß heben zu lassen, wenn er ihn ohne Anstrengung wieder auf seinem dicken Bauch ruhen lassen kann? Der moderne Mensch muß einen flachen Leib haben, um unter der Sonne klare Gedanken zu haben, schnelle Entschlüsse, energische Taten: Seht den Neger an, seht den Araber an. Das gastronomische Paradoxon von Marinetti zielt auf die moralische Erziehung, wie seine Paradoxien zur ästhetischen Erziehung auch: man muß die Materie aufrütteln, um den Geist wieder aufzuwecken.

Im vorigen Jahr sagten wir, daß Marinetti die heuchlerische Zurückhaltung und die Verlogenheit der Intelligenz züchtigte, jetzt ist er da, um die heuchlerische Glückseligkeit der Verdauung zu geißeln. Es ist alles eine einzige Moral, die Marinetti unter dieser Wolke von Küchendunst ausweidet. Er erinnert sich zweifellos der schönen heftigen Zeiten, in denen unter dem Himmel von Paris der Keim einer weltweiten Revolution der Geister gelegt wurde.«

Auf die Veröffentlichungen in der *Comoedia* folgten Artikel, Kommentare, Karikaturen und Kontroversen in den größten Zeitungen in Frankreich, England, Amerika, Deutschland usw.

Bezeichnend das Interview der Zeitung *Je suis partout* mit Marinetti und der Leitartikel auf der ersten Seite der Tageszeitung *Le Petit Marseillais* über die futuristische Küche. Die *Times* in London kam in mehreren Beiträgen wiederholt auf das Thema zurück und veröffentlichte auch polemische Gedichte. Ein langer Artikel »ITALY MAY DOWN SPAGHETTI« in der *Chicago Tribune*. Andere Artikel in der *Rheinisch-Westfälischen Zeitung* in Essen und im *Nieuwe Rotterdamsche Courant*. Zeitungen von Budapest bis Tunis, von Tokio bis Sidney, die die Bedeutung der futuristischen Schlacht »gegen die traurig-elenden Speisen« hervorheben.

Unter den vielen war dieser Artikel, erschienen in *The Herald*, einer der ersten, der die Polemik um die futuristische Küche anheizte:

Spaghetti for Italians, Knives and Forks for All are banned in Futurist Manifesto on Cooking

Marinetti, father of Futurist art, literature and drama, has just issued from Rome a manifesto launching Futurist cooking, according to word received yesterday in Paris. Practically everything connected with the traditional pleasures of the gourmet will be swept away.

No more spaghetti for the Italians.

No more knives and forks.

No more after-dinner speeches will be tolerated by the new cult.

Details of the manifesto, published in the »Comœdia«, give the principal feature of the new cuisine as a rapid succession of dishes which contain but one mouthful or even a fraction of a mouthful.

In fact, in the ideal Futuristic meal, several dishes will be passed beneath the nose of the diner in order to excite his curiosity or to provide a suitable contrast, and such supplementary courses will not be eaten at all.

»Since everything in modern civilization tends toward elimination of weight, and increased speed, the cooking of the future must conform to the ends of evolution. The first step would be the elimination of edible pastes from the diet of Italians«, Marinetti writes.

Modern science will be employed in the preparation of sauces and a device similar to litmus paper will be used in a Futuristic kitchen in order to determine the proper degree of acidity or alkalinity in any given sauce.

Music will be banished from the table except in rare instances when it will be used to sustain the mood of a former course until the next can be served.

The new Futuristic meal will permit a literary influence to pervade the dining-room, for which ideal rapid service, by means of single successive mouthfuls, an experience such as a love affair or a journey may be suggested.

Among the new kitchen and dining-room instruments

suggested by Marinetti is an »ozonizer« which will give to liquids the taste and perfume of the ozone, also ultra-violet lamps to render certain chemicals in the cooking more active.

Also certain dishes will be cooked under high pressure, in order to vary the effects of heat. Electrolysis will also be used to decompose sugar and other extracts.

As a model for the presentation of a Futuristic meal, M. Marinetti calls attention to a Futuristic painting of a synthetic landscape made up of food-stuffs, by Filla. The landscape is composed of a roast of veal, stuffed with eleven kinds of vegetables, placed vertically upon a plate and crowned with honey.

This is one of the meals which, under the new system, could not be attacked with a knife and fork and cut into haphazard sections before being eaten.

Besides the abolition of macaroni, Marinetti advocates doing away with the ordinary condiments now in use, and a consistent lightening of weight and reduction of volume of food-stuffs. The Futurist leader also pleads for discontinuance of daily eating for pleasure.

For ordinary daily nourishment he recommends scientific nourishment by means of pills and powders, so that when a real banquet is spread it may be appreciated aesthetically.

Gegen die Küche des Grand Hotels und die Esterofilia

Von den heute vorherrschenden Küchen ist diejenige, die wir als die verabscheuungswürdigste und widerwärtigste betrachten, die internationale Küche des Grand Hotels, die alle großen offiziellen Bankette mit einer Suppe eröffnet, auf der oben 4 oder 5 Marzipanbällchen schwimmen, weichlich und fade, und die sie alle mit einer gallertartig zitternden Süßspeise beschließt, die für Allesfresser geeignet ist.

Es ist logisch, daß die Politiker aller Länder, die wegen der großen Schulden, der Revision der Verträge, der Abrüstung und der universalen Krise zusammenkommen, nichts geistig durchdringen und nur wenig zustande bringen können, nachdem sie derartig niederdrückende, betrübende und zur Monotonie führende Speisen eingestrudelt haben.

In Italien, wie in fast allen Ländern der Welt, erduldet man diesen Typ der internationalen Küche des Grand Hotels einzig und allein deshalb, weil er aus dem Ausland kommt. Es herrscht leider ein furchtbarer Wahn, den wir *Esterofilia* (Liebe zum Ausland) nennen und der erbittert bekämpft werden muß. Die *Gazzetta del Popolo* vom 24. September 1931 veröffentlichte gegen die *Esterofilia* dieses futuristische Manifest von Marinetti:

GEGEN DIE ESTEROFILIA
Futuristisches Manifest an die Damen und die Intellektuellen

Trotz der imperialen Kraft des Faschismus sind die von uns erfundenen Worte Esterofilia, Esterofilo leiden jeden Tag unentbehrlicher.

1) Esterofili, und daher antiitalienischer Gesinnung schuldig, sind junge Italiener, die vor allen Ausländerinnen in idiotische Verzückung geraten, auch jetzt, da die weltweite Krise sie arm macht, wenn sie sich aus Snobismus in sie verlieben und sie manchmal auch heiraten, wobei sie sie von jedem Fehler (Rechthaberei, Ungezogenheit, Anti-Italianität oder Häßlichkeit) freisprechen, nur weil sie nicht italienisch spre-

chen und aus weit entfernten, unbekannten oder wenig bekannten Ländern kommen.

2) Esterofili, und daher antiitalienischer Gesinnung schuldig, sind italienische Interpreten von Weltruf (Gesangs- und Konzertkünstler sowie Dirigenten), wenn sie sich aufblähen und dabei vergessen, daß der Interpret der nützliche, aber nicht unbedingt notwendige Knecht des schöpferischen Genius ist. Beispiel: der ausgezeichnete und berühmte Dirigent Arturo Toscanini, der seinen persönlichen Erfolg dem Ansehen seines Vaterlandes vorzieht, indem er seine Nationalhymne aus künstlerischem Feinsinn verleugnet und die fremden aus Opportunismus vorträgt.

3) Esterofili, und daher antiitalienischer Gesinnung schuldig, sind italienische Dirigenten und Konzertbesucher, die Konzerte im Ausland organisieren oder beklatschen, welche den Eindruck erwecken, als gäbe es keine italienische Musik. Ein elementarer Patriotismus dagegen bringt wenigstens zur Hälfte moderne oder futuristische italienische Musik, um in den Programmen die von Beethoven, Bach, Brahms usw. zu ersetzen... von der ohnehin schon alle durchdrungen sind und die alle bereits bis zum Überdruß genießen und bewundern.

4) Esterofili, und daher antiitalienischer Gesinnung schuldig, sind italienische Konzertbesucher, die die ausländischen Dirigenten beklatschen, statt sie auszupfeifen, wenn diese infolge ihrer Unbildung die italienische Musik bei ihren Konzerten in Italien vergessen.

5) Esterofili, und daher antiitalienischer Gesinnung schuldig, sind italienische Industrielle, die tausend Vorwände finden, um eine Entscheidungsschlacht gegen die ausländische Industrie zu umgehen, und stolz darauf sind, internationale Wettbewerbe mit Produkten, Maschinen oder Apparaten zu

gewinnen, die nicht gänzlich in Italien erdacht und konstruiert wurden.

6) Esterofili, und daher antiitalienischer Gesinnung schuldig, sind Militärhistoriker und -kritiker, die wie Caporetto bei unserem großen siegreichen Krieg die unbedeutenden Episoden hervorheben.

7) Esterofili, und daher antiitalienischer Gesinnung schuldig, sind illustre Literaten, die im Ausland die gesamte italienische Literatur (die heute originell, vielseitig und amüsant ist) in der Hoffnung anschwärzen, daß sie selber, jeder einzelne von ihnen, als größtes Genie in einem Volk von mittelmäßigen Analphabeten erscheinen.

8) Esterofili, und daher antiitalienischer Gesinnung schuldig, sind italienische Maler, Bildhauer und Architekten, die in der Art vieler Anhänger des neunzehnten Jahrhunderts und vieler Rationalisten es bevorzugen, sich für Söhne französischer, spanischer, schweizerischer Neuerer wie Cézanne, Picasso, Le Corbusier zu erklären statt für Söhne echter italienischer Neuerer wie Boccioni, Schöpfer der neuen Plastik, und Sant'Elia, Schöpfer der neuen Architektur.

9) Esterofili, und daher antiitalienischer Gesinnung schuldig, sind Versammlungen, die die geschriebenen und gedruckten Beleidigungen seitens italienischer Literaten gegen Italien, gegen unser Heer und gegen unseren großen siegreichen Krieg als »läßliche Sünden« definieren, statt sie als Schändlichkeiten anzuprangern.

10) Esterofili, und daher antiitalienischer Gesinnung schuldig, sind Hoteliers und Händler, welche die ihnen zu Gebote stehenden Möglichkeiten, die Welt im italienischen Sinne zu beeinflussen (Gebrauch der italienischen Sprache bei Anzeigen, Ladenschildern und Speisekarten), nicht nutzen, wobei sie vergessen, daß die in Landschaft und Klima Italiens ver-

liebten Ausländer ebensogut auch seine Sprache bewundern und studieren können.

11) Esterofile, und daher antiitalienischer Gesinnung schuldig, sind italienische Damen der Aristokratie und des Großbürgertums, die sich in die ausländischen Sitten und Snobismen vernarren. Beispiel: der amerikanische Alkohol-Snobismus und die Mode der *cocktail-party*, die vielleicht für die nordamerikanische Rasse passen, aber für unsere sicher schädlich sind. Wir halten daher die italienische Dame für idiotisch, die hochmütig an einer *cocktail-party* mit dazugehörigem Alkohol-Wettstreit teilnimmt. Idiotisch die italienische Dame, die glaubt, es sei eleganter zu sagen: »Ich habe vier *cocktails* genommen« als: »Ich habe eine Gemüsesuppe gegessen«. Es sei denn, daß sie nicht hinter der vielbeneideten finanziellen Überlegenheit des Ausländers zurückstehen will, einer Überlegenheit, die nunmehr der weltweiten Krise zum Opfer gefallen ist.

Elegante italienische Damen, wir bitten euch, die *cocktail-party* durch die Zusammenkunft am Nachmittag zu ersetzen, wo ihr nach Belieben über den Asti spumante der Frau B., den Barbaresco der Gräfin C. oder den Weißwein aus Capri der Fürstin D. reden könnt. Bei diesen Zusammenkünften wird die beste Qualität der versammelten Weine prämiiert werden. Und Schluß mit dem Wort »Bar«, das sich durch das äußerst italienische »Quisibeve« ersetzen läßt.

12) Esterofili, und daher antiitalienischer Gesinnung schuldig, sind Italiener und Italienerinnen, die den römischen Gruß entbieten und dann in den Läden verweichlichende ausländische Erzeugnisse verlangen, mit skeptischen und abschätzigen Blicken auf die italienischen Produkte.

13) Esterofili, und daher antiitalienischer Gesinnung schuldig, sind italienische Zuschauer, die aus Kritiksucht systema-

tisch italienische Komödien und Filme auspfeifen und so die Invasion mittelmäßiger ausländischer Komödien und Filme befördern.

14) Esterofili, und daher antiitalienischer Gesinnung schuldig, sind italienische Impresarios, die Regisseure im Ausland suchen und die italienischen, welche Vorbilder für die Welt sein können, übersehen.

15) Esterofili, und daher antiitalienischer Gesinnung schuldig, sind gebildete Damen und Kritiker Italiens, deren Gehirn durch den italienischen Futurismus verjüngt und dynamisiert wurde, und die ihn nichtsdestoweniger kritisieren oder gering achten, um eilig und prätentiös ausländische Futurismen aufzufischen, die alle von unserem abgeleitet sind. Antiitalienischerweise vergessen sie zum Beispiel die ausdrückliche Erklärung des futuristischen englischen Dichters Ezra Pound einem italienischen Journalisten gegenüber: »Die Bewegung, die ich, Eliot, Joyce und andere in London initiiert haben, wäre ohne den italienischen Futurismus nicht denkbar gewesen«, und die gleichfalls ausdrückliche Erklärung von Antoine im Pariser *Journal*: »Für die dekorativen Künste wurden die Wege seinerzeit von der Marinetti-Schule geebnet.«

Andere Nationen, mit weniger großer Bevölkerungsdichte, die nicht kritisiert werden und auch nicht von äußeren Feinden bedroht sind, die beim Gesumm besänftigter revolutionärer Komplotte schlummern – sie können den Nationalstolz als Luxusangelegenheit betrachten.

Unsere männliche, wilde, dynamische und dramatische Halbinsel, beneidet und bedroht von allen, auf dem Sprung, ihr ungeheures Schicksal zu vollenden, muß den Nationalstolz als ihr erstes Lebensgesetz betrachten.

Wir Futuristen, die wir vor zwanzig Jahren, der vollständigen parlamentarischen sozialdemokratisch-kommunistisch-klerikalen Aufweichung ausgesetzt, ausgerufen haben: »Das Wort Italien muß herrschen über das Wort Freiheit!«, wir rufen heute aus:

a) Das Wort Italien muß herrschen über das Wort: Genius.

b) Das Wort Italien muß herrschen über das Wort: Intelligenz.

c) Das Wort Italien muß herrschen über die Worte: Kultur und Statistik.

d) Das Wort Italien muß herrschen über das Wort: Wahrheit.

Das Feuer der Kritik sei notfalls gegen die fremden Nationen gerichtet, niemals gegen Italien.

Nachsicht in Kunst und Leben für die wahren Patrioten, das heißt für die Faschisten, die vor echter Leidenschaft für Italien und vor unermüdlichem italienischem Stolz vibrieren.

Den vielen Skeptikern und Defätisten (Literaten, Künstlern, Philosophen und Winkelphilosophen), die heute, über das Gleichgewicht des Friedens beunruhigt, versuchen, ihren doppelt zerstörten Elfenbeinturm als Angebot an den Feind zu bauen, sagen wir in aller Schärfe:

Denkt daran, daß Italien seine weit zurückliegende Vergangenheit nicht rühmen muß. Seine Größe ist gegenwärtig: sie beruht vor allem auf der schöpferischen Kraft seiner Dichter und seiner Künstler. Galilei, Volta, Ferraris, Marconi und der erste, von Mussolini erdachte und von Balbo ausgeführte Transatlantik-Flug im faschistischen Geschwader, sie geben ihm den Vorrang in der Kultur des Technischen. Dieser Vorrang gebührt gewiß nicht den Völkern, die den Begriffen »Trust, Standard und Überproduktion« huldigen, die die weltweite Krise nicht vorausgesehen haben und daran zugrundegehen werden.

Denkt immer an das italienische Meisterwerk, das auch die Göttliche Komödie übertrifft: »Vittorio Veneto«.

Im Namen dieses Meisterwerks, Symbol der Trümmer des Österreichisch-Ungarischen Reiches, das unsere Panzer auf der Straße von Tarvisio überwinden mußten, werden wir bei der ersten Gefahr die antiitalienischen Esterofili erschießen.

Alles das schreibe ich mit der Klarheit eines diamantenen Patriotismus, ich, der ich im Ausland höchsten Beifall geerntet und in Italien mehr Pfiffe als Applaus gefunden habe: und nichtsdestoweniger danke ich jeden Tag den kosmischen Mächten, daß sie mir die hohe Ehre erwiesen haben, als Italiener geboren zu werden.

F. T. MARINETTI

DIE GROSSEN
FUTURISTISCHEN
BANKETTE

DIE TAVERNE
ZUM HEILIGEN GAUMEN

Das Manifest der futuristischen Küche war Anlaß für zahlreiche Kongresse und Versammlungen von Köchen und Restaurantbesitzern. Teils verhielten sie sich ablehnend, teils waren sie begeistert. Unter den letzteren, die Küche und Lokal eiligst umgestalten wollten, wurde von dem Maler Fillia und dem Architekten Diulgheroff der Eigentümer eines Turiner Restaurants ausgewählt, Angelo Giachino, den sogar seine Gäste zur Verwirklichung der neuen Speisen anregten.

Am Schluß des Festivals der Poesie in Turin, inmitten der futuristischen Bilder der Galerie Codebò und nachdem er den Rekord-Poeten von Turin, Tullio d'Albisola, mit dem Aluminiumhelm gekrönt hatte, taufte Marinetti das Lokal, das dazu bestimmt war, die futuristische Küche zum ersten Mal zu verwirklichen, auf den Namen SANTOPALATO – ZUM HEILIGEN GAUMEN.

Während man an der Dekoration des Lokals arbeitete, kündigte Ercole Moggi, einer der brillantesten italienischen Journalisten, in der *Gazzetta del Popolo* vom 21. Januar 1931 mit einem zweispaltigen Bericht die geplante Veranstaltung an:

Eine Mitteilung des Malers Fillia, des Vizegeneralsekretärs der futuristischen italienischen Bewegung, der römischen Presse gegenüber hat die gastronomischen Kreise der Hauptstadt einschließlich der Journalisten, die auf die Tradition der »Frau Felicetta«, des »Spaghettaro« und all der anderen ruhmreichen Insignien des echten Feinschmeckers bedacht sind, in Aufruhr versetzt. In der futuristischen Bewegung würde Fillia so etwas wie der Generalstatthalter der Eingreiftruppe sein. Man gibt sich nicht damit zufrieden, platonische Ideen in Umlauf zu bringen, sondern sucht sie zu realisieren und durchzusetzen, wobei man immer persönlich erntet. Man erntet eher einen Kohlkopf, Kartoffeln oder sonst ein Gemüse, aber auch Beifall, Zustimmung und Ermutigung.

Die Anhänger der Pasta asciutta hofften, das Manifest der futuristischen Küche würde einfach Theorie bleiben, polemisches Scharmützel oder literarische Akademie. Sie kennen offenbar diese lieben Jungen nicht! Tatsächlich kündigen die Futuristen eine mächtige Offensive gegen die alte Küche an, als praktische und originelle Idee: die Eröffnung einer futuristischen Experimentalküche in Turin unter dem Namen »Taverne zum Heiligen Gaumen«, die nicht nur gelernte Futuristen besuchen, sondern wo die neuen Speisen auch der Öffentlichkeit vorgestellt werden. So macht sich Turin mit diesem Schritt auf den Weg, die Wiege einer anderen italienischen Wiedergeburt zu werden, der gastronomischen.

Sonderzüge nach Turin

Eine angesehene römische Zeitung kommentiert halb ernst-, halb spaßhaft die Mitteilung der Futuristen folgendermaßen:

Wir sind sicher, daß die staatliche Eisenbahn Preisnachlässe von fünfzig Prozent gewähren wird, damit alle Italiener sich in Massen nach Turin begeben können, um die bekannte »Fleischplastik« in der »Taverne zum Heiligen Gaumen« zu kosten.

Fillia ist vielleicht der dynamischste der italienischen Futuristen. Müßte man ihn in futuristischer Manier beschreiben: wie sollte man ihn nennen, was weiß ich? Kochtopf in ewigem Aufkochen, Motor von 200 PS, Bombarde von Nitroglyzerin, Vulkankopf...

Offenbar liebt er Turin, da er dort immer seine größten Initiativen gestartet hat.

»Heiliger Gaumen« ohne Spekulation

Es ist uns gelungen, Fillia aufzufischen, und wir haben ihn nicht losgelassen. Allzu viele wichtige Erklärungen wurden von diesem vulkanischen Kopf verlangt. Fillia hat mir gegenüber vorausgeschickt:

»Ich bitte Sie, vor allem hervorzuheben, daß unsere Initiative und Aktivität zur Eröffnung des ›Heiligen Gaumens‹ rein künstlerische Zwecke verfolgt und unsere Küchentheorie fördern soll. Es handelt sich nicht um eine Spekulation von mir oder Diulgheroff. Wir werden der Taverne lediglich ein futuristisches Gepräge geben. Aber wir werden, wiederhole ich, kein Interesse an einem mehr oder weniger großen (wir erhoffen den größten) Erfolg der Initiative haben. Die Taverne wird in nächster Nähe von Turin entstehen. Sie wird von dem Architekten Diulgheroff und mir mit dem erklärten Ziel dekoriert, die futuristische Theorie in die Praxis umzusetzen.«

Die Leser müssen wissen, daß Fillia der Erfinder der »Fleischplastik« ist, welches die neue futuristische Speise ist, die heute im In- und Ausland äußerst heftig diskutiert wird, und zwar so heftig, daß – Gerüchten zufolge – Professor Donati den Plan gefaßt hat, zu Studienzwecken den ersten, die die »Fleischplastik« kosten, gratis den Bauch aufzuschneiden.

Wie es heißt: Wenn es Rosen sind, werden sie blühen...

Der Leser wird fragen, was zum Teufel die »Fleischplastik« ist. Hier ist eine autorisierte Beschreibung:

»Die Fleischplastik, eine synthetische Interpretation der italienischen Landschaften, besteht aus einem großen zylindrischen Stück gebratenem Kalbfleisch, das mit elf verschiedenen Sorten gekochtem Gemüse gefüllt ist. Dieser Zylinder, der senkrecht im Mittelpunkt des Tellers steht, wird von einer dicken Honigschicht bekrönt und an der Basis von einem Wurststring gestützt, der auf drei goldenen Kugeln aus Hühnerfleisch ruht.«

Die Ernährung durch das Radio

Im »Heiligen Gaumen«, also in Turin, wird Fillia die Erneuerung der italienischen Küche leiten und die neuen Speisen von Künstlern und futuristischen Köchen zubereiten und anwenden lassen. Das Lokal wird kein einfaches und gewöhnliches Restaurant sein, sondern den Charakter eines Künstlerlokals aufweisen, in dem man Wettbewerbe veranstaltet und anstelle des gewohnten Kaffees nach dem Frühstück oder der gewohnten vier Schritte Abende der Poesie, der Malerei und der futuristischen Mode organisiert.

Der »Heilige Gaumen« wird in Kürze sein genaues technisches Programm bekanntgeben. Unter den wichtigsten Punkten sind die folgenden zu beachten, die ich wörtlich wiedergebe:

a) Wenn sie sich gegen die Pasta asciutta aussprechen und neue Entwicklungen der italienischen Küche aufzeigen, so berücksichtigen die Futuristen damit nicht nur den wichtigen Aspekt, mit dem Volksvermögen sparsam umzugehen, sondern beabsichtigen damit auch, den Geschmack und die Gewohnheiten der Italiener zu erneuern. Es handelt sich also nicht darum, einfach die Pasta durch Reis zu ersetzen oder ein Gericht dem andern vorzuziehen, sondern neue Speisen zu erfinden. Das praktische Leben des Menschen hat sich durch die Einwirkung von Wissenschaft und Technik so verändert, daß man zu einer Perfektionierung der Küche und zur Organisation von Geschmacks-, Geruchs- und anderen Nuancen gelangen kann, die bis gestern für absurd gehalten worden wären, weil auch die allgemeinen Existenzbedingungen andere waren. Das heißt: man muß, indem man die Art der Ernährung und ihre Bedingungen fortwährend ändert, die alteingewurzelten Gewohnheiten des Gaumens töten, um die Menschen auf die zukünftigen chemischen Nahrungsmittel vorzubereiten und vielleicht auch auf die nicht allzu ferne Möglichkeit, Ernährungswellen über das Radio zu verbreiten.

Dieses erste Kapitel muß nicht kommentiert werden. Bis jetzt gab es in gewissen Restaurants einen Geruch, vor dem uns Gott behüten möge. Nun werden wir die Gerüche reorganisieren. Zum Beispiel wird der Geruch der gespülten Teller in Lavendelduft umgewandelt werden.

Das Wunderbare, das vielleicht auch Marconi entgangen ist, liegt in der Möglichkeit, über das Radio Ernährungswellen zu verbreiten. Im übrigen ist die Sache gar nicht so außergewöhnlich. Wie das Radio erstickende und einschläfernde Sendungen bringen kann (Vorträge, Jazz, Dichterlesungen usw.), wird es auch den Extrakt des besten Mittagessens und Frühstücks übertragen können. Welches Schlaraffenland! Das Unglück ist nur, daß man so zuletzt zur Abschaffung der Küche und damit auch des »Heiligen Gaumens« schreiten wird.

Das zweite Kapitel ist ebenfalls klar:

b) Die Küche trug bis heute nicht der ästhetischen Seite

Rechnung, es sei denn durch die Süßspeisen. Die Verfeinerung unserer Empfindungen erfordert dagegen ein durch und durch »künstlerisches« Studium der Küche. So bekämpft man die Pfützen der Soßen, die liederlichen Speisefetzen und vor allem die weiche und unmännliche Pasta asciutta. Wir werden zu Mahlzeiten kommen, die reich an verschiedenen Qualitäten sind und bei denen für jeden die Speisen ersonnen werden, die seinem Geschlecht, Charakter, Beruf und seiner Sensibilität Rechnung tragen.

Marinetti wird den »Heiligen Gaumen« eröffnen

Fillia hat mir noch andere wichtige Aufschlüsse gegeben. Es ist nicht wahr, daß die Futuristen Gegner von Wein und Fleisch sind... Fillia erklärte uns:

In unserer nächsten Proklamation zum »Heiligen Gaumen« wird ganz klar gesagt, daß man, solange die Chemie keine synthetischen Stoffe mit der Kraft von Fleisch und Wein gefunden hat, Fleisch und Wein gegen jeden Angriff verteidigen muß. Das Manifest der futuristischen Küche hat deshalb keine gemeinsame Grundlage mit den Behauptungen Marco Rampertis, sondern tendiert im Gegenteil zu neuen Küchenhorizonten, um den Geschmack und die Begeisterung für das Essen wieder zu wecken, um Speisen zu erfinden, die Fröhlichkeit und Optimismus verleihen und die Lebensfreude bis ins Unendliche steigern: was mit den »gewohnten« Speisen unmöglich zu erreichen ist.

Ein anderer wichtiger Aspekt, von dem ich mich überzeugt habe, ist dieser: die Speisen der futuristischen Küche werden nicht kostspielig sein. Ein Mittagessen im »Heiligen Gaumen« wird zu normalem Preis zu haben sein.

Ich frage den Vizesekretär der futuristischen Bewegung,

ob die Eröffnung des »Heiligen Gaumens« feierlich vonstatten gehen wird. Er antwortet mir:

– Gewiß, weil das Ereignis von großer Bedeutung ist. Es wird auch im Ausland verfolgt. Der Eröffnung wird Exzellenz Marinetti beiwohnen, der zu allen kritischen Fragen Stellung nehmen wird.

Dies ist offenbar ein nützlicher Einfall. Bis jetzt fand der arme Konsument im Restaurant niemanden, der die Verantwortung für ein schlechtes Essen übernommen hätte. Im »Heiligen Gaumen« werden wir dafür einen Akademiker haben. Und er wird gehörig Bescheid sagen.

– Kann man etwas über die Speisekarte des Eröffnungsessens erfahren?

– Sie wird einige meiner Speisen aufweisen, und zwar: *Ganzreis* (mit Reis, Salat, Wein und Bier); die berühmte *Fleischplastik*, die Luftspeise (zum Anfassen, mit Geräuschen und Gerüchen); das *Elastiksüß*. Außerdem wird sie die Reklamespeisen des Architekten Diulgheroff und die Simultangerichte von Marinetti und Prampolini präsentieren. Endlich die Süßigkeiten *Netzwerk des Himmels* des Bildhauers Mino Rosso und das *Ultramännliche* des Kritikers der futuristischen Kochkunst P. A. Saladin. Vervollständigt wird diese Liste durch unentbehrliche Überraschungen, um dem neuen Essen die richtige Atmosphäre zu geben; sie wird außerdem Düfte, Musikstücke, Einfälle, Originalität aufweisen.

Es ist klar, daß der Erfolg, besonders der der Musikstücke, Düfte und anderen Einfälle, nur ein außerordentlicher sein kann. Die Erfindung des »ultravirilen« Speisekrams würde genügen, den Doktor Woronoff vor Eifersucht weinen zu lassen.

– Und von der alten Küche – frage ich Fillia – was wird von ihr bleiben?

Er antwortet mir in unerbittlichem Ton:

– Nichts, kaum die alten Kasserollen. Die Zeit der Gerichte von Artusi ist vorbei. Wir werden hart sein.

Ich fühle, wie mir zwei Tränen die Wangen netzen. Dann ist es auch aus mit »dicken Nudeln«, dem Entzücken meiner gefräßigen Jugend. Ach, sei gnädig, Fillia, schone wenigstens die »alte Salami« der Romagna, die ehrwürdige »Saftsalami«, die, zusammen mit dem blonden Albanerwein, das poetische Ingenium von Giosuè Carducci und Giovanni Pascoli entzündete.

Dieser in allen Zeitungen veröffentlichte Artikel eröffnete eine Flut von ironischen und höhnischen Glossen über die segensreiche Wirkung der futuristischen Speisen auf die Verdauung. Unmöglich, auch nur die besten unter ihnen aufzuführen. In seiner Erwiderung auf verschiedene Angriffe erklärte der Maler Fillia wiederholt die Bedeutung der Initiative des »Heiligen Gaumens« gegenüber dem »Lavoro« in Genua, dem »Regime Fascista« in Cremona und der »Tribuna« in Rom. Hier in Auszügen der Antwortbrief auf das Schreiben eines römischen Kochs, der die futuristischen Köche mit den Blitzen der Italienischen Gastronomischen Akademie bedrohte:

»Der Protest der akademischen Köche erinnert seltsamerweise an den Widerstand, den die Professoren der Kunstgeschichte gegen alle Bewegungen künstlerischer Erneuerung in diesem und dem vorigen Jahrhundert geleistet haben. Deshalb sind wir sicher, daß die Prophezeiungen des erlauchten Mitglieds der Küchenakademie dasselbe Ergebnis wie die anderen haben werden: sie werden nämlich unseren Erfolg nur beschleunigen. (…)

Bei der Kritik an den im Manifest der futuristischen Küche

enthaltenen Speisen reicht es nicht aus, von ›Technik‹ zu sprechen: diese Speisen sind wie meine Fleischplastik, die irrtümlich in Opposition zur Pasta asciutta geglaubt wurde, nur die ersten Beispiele einer ganzen Reihe, die wir kreieren werden. Wir werden sowohl einfache Speisen als auch Luxusgerichte präsentieren – Speisen, die sich eher der Pasta asciutta vergleichen lassen, und solche, die die alten Leckerbissen im Konkurrenzkampf überbieten. Und was die Technik betrifft, so wird das futuristische Restaurant von Turin zweifellos die Wissenschaft der akademischen Köche schlagen. Aber in jedem Fall ist es der revolutionäre Geist des Manifests, der nötig ist: und zwar im Sinne der Notwendigkeit, die Küche zu ändern, weil sich unser allgemeines Lebenssystem geändert hat; und man muß den Gaumen auf die künftige Ernährungsweise vorbereiten, indem man mit den alten Eßgewohnheiten bricht. Wenn die akademischen Köche uns aus rein technischen Gründen bekämpfen, werden sie unterliegen: die Opposition von Handwerkern kann die Kraft von Künstlern nicht besiegen. Und die futuristischen Kreationen werden technische Vollkommenheit erlangen, während die alten Speisen, technisch vollkommen, sich nicht erneuern können. (...)

Die vom Architekten Diulgheroff und mir dekorierte ›Taverne zum Heiligen Gaumen‹ wird eine Atmosphäre erzeugen, die einen Abriß des modernen mechanischen Lebens gibt und die es ›notwendig‹ macht, neue und folglich futuristische Gerichte zu servieren. (...)

Nach der bequemen pazifistischen Theorie der akademischen Köche wäre nicht einmal die Pasta asciutta erfunden worden: und man würde heute noch essen wie die alten Römer. Wir haben hingegen einen geschichtlichen Augenblick erreicht, in dem sich alles erneuern muß. Wie sich die

Kleidung, die Transportmöglichkeiten, die Künste usw. erneuert haben, so wird es auch zum Triumph der futuristischen Küche kommen. Und im übrigen geben uns berühmte Ärzte und gelehrte Köche recht und unterstützen unseren Kampf. (...)

Die ›Taverne zum Heiligen Gaumen‹ hat einen Eigentümer und Köche, die sie führen werden. Ich und der Architekt Diulgheroff sorgen nur dafür, daß die Eröffnung eine erste Orientierung gibt: wir sind uns der Intelligenz der Köche und des Glaubens an die Modernität, welcher sie beseelt, gewiß. Doch wenn die Nationale Gastronomische Akademie darauf besteht, sich unserer Kraft und unserer Absicht, rein italienische Speisen zu erfinden, entgegenzustellen, dann werden wir eine Futuristische Gastronomische Akademie gründen, der die fünfzigtausend Künstler, Neuerer und Sympathisanten des Neuen Italien beitreten werden.«

Noch bevor sie eröffnet wurde, erlangte die Taverne zum Heiligen Gaumen weltweite Berühmtheit wegen der angekündigten Verwirklichung der futuristischen Küche. Inzwischen kamen die Arbeiten voran; das Lokal wurde vorwiegend mit italienischem Aluminium von »Guinzio und Rossi« ausgestaltet, was ihm eine Atmosphäre von Metallischkeit, Glanz, Elastizität, Leichtigkeit und Klarheit geben mußte. Also der Sinn des Lebens von heute, für das unser Körper und unser Geist geschärft werden müssen, als Synthese und künstlerische Umsetzung der ganzen vorherrschenden mechanischen Organisation. Das Aluminium ist das geeignetste und ausdrucksvollste unter den Materialien, es enthält alle diese wesentlichen Qualitäten und ist wirklich ein Sohn des Jahrhunderts; Ruhm und Ewigkeit sind ihm ebenso aufgegeben wie den »edlen« Materialien der Vergangenheit. In der Taverne zum Heiligen Gaumen zeichnete sich eine pulsierende Aluminiumstruktur ab, und diese war nicht kühl zur Auskleidung des Raumes eingesetzt, sondern diente als wirksames Element des Inneren: dominierendes Aluminium als schlankes Gerüst eines neuen Körpers, vervollständigt durch die Rhythmen des indirekten Lichts. Das Licht ist auch eine der grundlegenden Wirklichkeiten der modernen Architektur und muß »Raum« sein, muß lebendiger Bestandteil der anderen Konstruktionsformen sein. Im Aluminiumkörper also diente das Licht als Arteriensystem, unentbehrlich für den Zustand von Aktivität des umgebenden Organismus. Alles trug bei zur Vervollständigung des Inneren: die großen Reklamebilder, die bearbeiteten Glasscheiben, die verschiedenen Gegenstände.

DAS ERSTE FUTURISTISCHE ESSEN

Die Taverne zum Heiligen Gaumen wurde am Abend des 8. März 1931 eröffnet, nach einem Tag fieberhafter Arbeit in der Küche, in der die Futuristen Fillia und P. A. Saladin mit den Köchen des Restaurants, Piccinelli und Burdese, in der Zubereitung der Speisen wetteiferten. Hier die Speisekarte des ersten futuristischen Mahls:

1. Intuitive Vorspeise (Formel der Frau Colombo-Fillia)
2. Sonnenbrühe (Formel von Piccinelli)
3. Ganzreis, mit Wein und Bier (Formel von Fillia)
4. Luftspeise, zum Anfassen, mit Geräuschen und Gerüchen (Formel von Fillia)
5. Ultramännliches (Formel von P. A. Saladin)
6. Fleischplastik (Formel von Fillia)
7. Nahrungslandschaft (Formel von Giachino)
8. Meer von Italien (Formel von Fillia)
9. Mittelmeersalat (Formel von Burdese)
10. Huhn Fiat (Formel von Diulgheroff)
11. Äquator + Nordpol (Formel von Prampolini)
12. Elastiksüß (Formel von Fillia)
13. Netzwerke des Himmels (Formel von Mino Rosso)
14. Früchte Italiens (Simultankomposition)

Weine Costa – Bier Metzger – Schaumweine Cora – Parfüms Dory

Hier die Chronik des Abends, wie sie in der Tageszeitung »La Stampa« in einem umfassenden Artikel des Redakteurs Dr. Stradella erschien:

»Niemand ignoriert das Interesse und die Polemiken, die

anläßlich der Eröffnung des *Heiligen Gaumens* die ganze Welt erregen. Das Ereignis wird deshalb außergewöhnliche Bedeutung erlangen, sein Datum wird der Geschichte der Kochkunst eingeprägt bleiben, wie in der Geschichte der Welt die Daten der Entdeckung Amerikas, der Erstürmung der Bastille, des Friedens von Wien und des Versailler Vertrags unauslöschlich verankert sind.«

Eine in ungefähr diesen Worten verbreitete Meldung kann nur eine auserlesen futuristische sein. Wie man ehrlich anerkennen muß, sind nur die Futuristen bei den Voraussetzungen ihrer Lehre so konsequent bis zum äußersten. »Auch wenn wir zugeben« – so Marinetti –, »daß schlecht oder grob ernährte Menschen in der Vergangenheit oft Großes geleistet haben, verkünden wir dies als Wahrheit: man denkt, man träumt und man handelt nach Maßgabe dessen, was man trinkt und ißt.«

Hin zur Speise in Pillenform

Ich zähle nicht die gewaltigen Siege in der Malerei und Literatur, kurz in der Kunst, die sich seit zwanzig Jahren angesammelt haben; der Futurismus zielt heute auf eine grundsätzliche Erneuerung: in der Tat wagt er es noch, mit einem Programm zur vollständigen Erneuerung der Küche der Unpopularität ins Auge zu blicken.

Wir haben unterlassen zu sagen, daß der *Heilige Gaumen*, trotz des für den gewöhnlichen Passatisten etwas gotteslästerlichen Anscheins, eine köstliche Turiner Taverne ist, in der vorige Nacht das erste Essen der futuristischen Küche abgehalten wurde: eine Speisekarte von vierzehn Gängen, verschiedenen Weinen, Parfüms, Schaumweinen.

Der Leser, oder vielleicht besser die liebenswürdige Leserin, wird den Wunsch haben, die tieferen Gründe für einen solchen Versuch, um es passatistisch zu sagen, oder für eine solche Realisierung, um es futuristisch zu sagen, kennenzulernen. Der Wunsch ist legitim; was seine Erfüllung angeht, so vermittelt er uns das bestimmte Gefühl der Verantwortlichkeit, die wir uns aufbürden, indem wir antworten. Wir werden jedenfalls wissenschaftlich exakt antworten, wobei für uns die Worte des Chefs der italienischen Futuristen selbst gelten: »Wir Futuristen verachten das Beispiel und die Mahnung der Tradition, weil wir um jeden Preis das *Neue* wollen, das alle für ›verrückt‹ halten, weshalb wir jetzt die Nahrung festsetzen, die einem immer luftigeren und schnelleren Leben entspricht.«

Infolgedessen werden viele Speisen abgeschafft: vor allem die Pasta asciutta, und inzwischen erwartet man von der Chemie die Erfüllung einer bestimmten Pflicht, das heißt jener, »dem Körper schnell die notwendigen Kalorien durch Nahrungsäquivalente zuzuführen (gratis vom Staat), in Pulver- oder Pillenform«, die einzige Erfindung, die uns »zu einer tatsächlichen Senkung der Lebenshaltungskosten und der Gehälter bei entsprechender Minderung der Arbeitszeit« gelangen lassen kann; in Erwartung dieses Tages wird man dennoch die vollkommene Mahlzeit verwirklichen können, die eine originelle Harmonie der Tafel (Kristall, Geschirr, Dekoration) mit dem Geschmack und den Farben der Speisen erfordert sowie die unbedingte Originalität der Speisen als solcher.

In der Aluminiumtaverne

Aber kehren wir jetzt zur *Taverne zum Heiligen Gaumen* zurück, die vom Architekten Diulgheroff und vom Maler Fillia erdacht, geschaffen und ausgeschmückt wurde und die ihr euch als große, würfelförmige Schachtel vorstellen müßt, die auf einer Seite in eine andere, kleinere hineingezwängt worden ist: geschmückt mit halbeingefärbten, leuchtenden Säulen und großen metallischen Augen, die ebenfalls leuchten und zur Hälfte in die Wand eingefügt sind; im übrigen ist alles von der Decke bis zum Fußboden mit reinstem Aluminium verkleidet. Dort sind am Sonntag gegen Mitternacht die Turiner Futuristen und die von ihnen eingeladenen Personen zusammengekommen. Zum Vollzug des Ritus waren unter anderem anwesend: Exzellenz Marinetti, Felice Casorati, der Maler Peluzzi, der Maler Vellan, der Bildhauer Alloati, Professor Guerrisi, einige Journalisten; es fehlten nicht mehrere schöne Damen, entzückenderweise in passatistischer *Toilette*.

Der offizielle *Speaker*, das heißt der Ansager und Kommentator jedes einzelnen Ganges, war, wie es nicht anders sein konnte, der Maler Fillia. Vierzehn Gänge, haben wir gesagt. Hier sind sie. Erstens: *Intuitive Vorspeise*. Es ist nicht schwer zu verstehen, daß es sich in einem gewissen Sinn um eine Überraschung handeln sollte und in einem gewissen anderen Sinn um die Vorbereitung auf die folgenden Gänge. An dieser Stelle darf man nicht vergessen, daß die Erfindung plastischer Geschmackskomplexe, deren ursprüngliche Harmonie in Form und Farbe eine Augenweide ist und die Phantasie anregt, bevor die Lippen probieren, eine Grundbedingung für ein vollkommenes Essen ist. Wir werden deshalb eine große Orange auswählen und ihr Fleisch aus einer Öffnung entnehmen: die skelettierte Hülle werden wir dergestalt behandeln, daß wir die Darstellung eines kleinen Korbs erhalten, mit Henkel und rundlicher Höhlung. Hier hinein legen wir ein auf einer Brotstange aufgespießtes Schinkenscheibchen, eine kleine Artischocke in Öl, ein Pfefferschötchen in Essig. In den Schoß des letzteren dürfen wir ein zusammengerolltes Zettelchen einführen, auf das vorher eine futuristische Maxime geschrieben wurde oder auch die Lobrede eines Tischnachbarn. Die *Überraschung* wird leicht zu entdecken sein, nachdem »die Abschaffung von Gabel und Messer für die plastischen Komplexe« angedroht ist, »die noch vor der Berührung mit den Lippen das Wohlgefallen der Berührung gewähren können«. Insgesamt eine sehr feine Sache.

Eine Speise mit Geräuschen und Gerüchen

Zweitens: *Luftspeise*, zum Anfassen, mit Geräuschen und Gerüchen (ersonnen von Fillia). Da gibt es eine kleine Komplikation. Wenn man futuristisch ißt, operiert man mit allen fünf Sinnen: Tastsinn, Geschmack, Geruch, Gesicht, Gehör. Wir unterbreiten dem Leser einige andere Regeln des vollkommenen Essens, die uns dazu dienen werden, den Geschmack der nächsten Gänge vollkommen auszukosten: den Einsatz der Kunst der Düfte, um das Kosten zu befördern. So wird jeder Speise ein Duft vorausgehen, welcher auf sie einstimmt und der mit Ventilatoren vom Tisch weggeweht wird. Oder die dosierte Anwendung von Dichtung und Musik als improvisierte Zutaten, um mit ihrer sinnlichen Intensität die Geschmacksnuancen einer gegebenen Speise zu erschließen. Der zweite Gang besteht aus vier Stücken: auf dem Teller wird ein Fenchelviertel, eine Olive, eine kandierte Frucht und der Berührungsapparat serviert. Man schluckt die Olive hinunter, dann die kandierte Frucht, dann den Fenchel. Gleichzeitig führt man die Kuppe des Zeigefingers und des Mittelfingers der linken Hand mit Zartheit an dem rechteckigen Apparat vorbei, der aus einem Flecken von rotem

Damast, einem kleinen Viereck von schwarzem Samt und einem Stückchen Glaspapier zusammengesetzt ist. Aus einer sorgfältig verborgenen singenden Quelle gehen die Noten des Fragments einer Wagner-Oper auf Reisen, und gleichzeitig spritzt der geschickteste und anmutigste Kellner ein Parfum in die Luft. Verblüffende Resultate: probieren, um sich davon zu überzeugen.

Das duftende Metall

Dritter Gang: *Sonnenbrühe* (von dem Koch Ernesto Piccinelli erdacht). Es ist eine Kraftbrühe, in der sich einige Zutaten von der Farbe der Sonne wiegen. Ausgezeichnet. Vierter Gang: *Ganzreis* (von Fillia). Es ist eine sehr einfache Sache: ein Risotto auf italienische Art, mit Bier und Wein angerichtet. Köstlich.

Fünfter Gang: *Fleischplastik*. Dieses Gericht ist ein Meilenstein der futuristischen Küche. Wir schreiben sein Rezept ab, zur Freude unserer Leserinnen: »Synthetische Interpretation der italienischen Landschaften, bestehend aus einem großen zylindrischen Stück gebratenem Kalbfleisch, mit elf Sorten von gekochtem Gemüse gefüllt. Dieser Zylinder, der senkrecht im Mittelpunkt des Tellers steht, wird von einer dicken Honigschicht bekrönt und an der Basis von einem Wurstring gestützt, der auf drei goldenen Kugeln von Hühnerfleisch ruht.« Ein Wunder des Gleichgewichts.

Sechstens: *Ultramännliches*. Wir werden uns nicht in eingehenden Erläuterungen verbreiten: es wird genügen hinzuzufügen, daß es sich um ein Gericht für Damen handelt. Siebentens: *Nahrungslandschaft*. Es ist umgekehrt wie beim vorigen Gericht; dies ist nur für Männer. Köstlich.

Das *Meer von Italien*, der *Mittelmeersalat* und das *Huhn Fiat*, das achte, neunte und zehnte Gericht, werden zusammen serviert. Besonders bemerkenswert dieses letzte Gericht, erdacht von Diulgheroff. Man nehme ein ansehnliches Huhn und behandle es in zwei Schritten: es wird zuerst gekocht, sodann gebraten. Man grabe in den Rücken des Geflügels eine geräumige Höhlung, in die man als kugelige kleine Kissen eine Faust voll Bällchen von süßem Stahl lege. Dann nähe man auf das Hinterteil des Geflügels einen rohen Hahnenkamm in drei Scheiben. Die so vorbereitete Plastik jage man in den Ofen und lasse sie 10 Minuten drin. Wenn das Fleisch den Geschmack der süßen Stahlbällchen gut aufgesaugt hat, wird das Huhn auf den Tisch gebracht, mit Schlagsahne als Beilage.

Außerhalb des Programms wurden noch zwei Speisen serviert. Eine von ihnen, die ausschließlich den Journalisten angeboten wurde, schien uns nicht leicht zu entschlüsseln. Wir haben Spuren von Mortadella aus Bologna, Mayonnaise und jener Art von Turiner Karamelcreme zu finden geglaubt, die unter der Bezeichnung Pasta Gianduia bekannt ist; aber vierundzwanzig Stunden nach der Einnahme glauben wir, uns nach sorgfältiger Gewissensprüfung nicht mehr dazu äußern zu können. Einfacher dagegen das andere Gericht außer der Reihe, das der Maler Fillia als *Porroniana* und Marinetti als *Exaltiertes Schwein* definiert hat. Eine normale gekochte Salami wird präsentiert, eingetaucht in eine konzentrierte Lösung von Espresso-Kaffee und mit Eau de Cologne angerichtet.

So ist der Ritus im Begriff, zuende zu gehen. Und beim Schaumwein haben Casorati, der Bildhauer Alloatti, Rechtsanwalt Porrone, Zanzi, der Maler Peluzzi und schließlich Exzellenz Marinetti gesprochen, der für die erreichten konkreten Ergebnisse Fillia und Diulgheroff lebhaft pries.

Es erschienen gleichzeitig: in der »Gazzetta del Popolo« ein amüsanter Artikel von Ercole Moggi *Die Futuristische Taverne zum Heiligen Gaumen von F. T. Marinetti eröffnet*; im »Regime Fascista« ein begeisterter Artikel von Luigi Pralavorio *Pasta asciutta war einmal: Die Fleischplastik*; im »Giornale di Genova« ein günstiger Artikel von Marcaraf, *Die Eröffnung des Heiligen Gaumens*. Sie stammten von den beim Essen anwesenden Journalisten. In der Folge wurden in allen italienischen und ausländischen Zeitungen die Artikel von Moggi und Stradella nachgedruckt, mit aufsehenerregenden Kommentaren und zahlreichen Fotografien der Lokalitäten, der Gebilde der Speisen usw.

Während Journalisten und Fotografen aus Rom und Paris in der »Taverne zum Heiligen Gaumen« eintrafen, veröffentlichte Ercole Moggi nach einem neuerlichen Interview mit dem Maler Fillia einen weiteren Artikel in der »Gazzetta del Popolo«: *Die Geheimnisse der futuristischen Küche entschleiert*, worin die exakten Formeln der ersten realisierten Speisen wiedergegeben, der Mindestpreis für futuristisches Essen genannt und weitere bemerkenswerte Manifestationen angekündigt wurden. Die größten Zeitungen der Welt verbreiteten diese Dinge, diskutierten und polemisierten hin und her, unter Titeln wie »Die futuristischen Köche auf dem Prüfstand« – »Das ist noch gar nichts, wir werden viel weiter gehen« – »Fillia gegen Artusi« – »Der Heilige Gaumen? Bäh!«. Von Stockholm bis New York, von Paris bis Alexandria in Ägypten erschienen ganze Seiten, die dem Thema gewidmet waren, verfaßt von den prominentesten Journalisten. Die futuristische Küche hatte den Durchbruch geschafft und leitete damit die intensivste Periode ihrer Bemühungen um die Erneuerung der Ernährung ein.

Die Diskussionen über die futuristische Küche konnten natürlich nicht nur auf das Feld der Ernährung beschränkt bleiben, da unser Wille zur Erneuerung sich immer klar zugunsten aller Zweige und aller Aktivitäten der Kunst und des Lebens ausgesprochen hat. Deshalb ist die Zustimmung der verschiedenen Journalisten, Baumeister, Architekten usw. hervorzuheben, die infolge unseres Kampfes von der Notwendigkeit sprechen, auch die Innenräume der Lokale zu ändern, den Messen der landwirtschaftlichen und industriellen Produkte einen Hauch von Modernität zu geben, das heißt die Nahrungsmittel und Erzeugnisse von Stadt und Land dem Geist unserer Zeit entsprechend auszustellen.

Im Manifest der futuristischen Küche wird die Notwendigkeit hervorgehoben, sich der Elektrizität und der Maschinen zu bedienen, die die Arbeit der Köche perfektionieren. Viele Restaurants haben elektrische Küchen und Öfen usw. in Gebrauch, fahren aber leider fort, sich im Ausland zu versorgen, wobei sie vergessen, daß es in Italien unübertreffliche Konstrukteure von Küchen, Öfen, Badeöfen usw. gibt. Der Ingenieur Pittaluga machte uns zum Beispiel letzthin auf die intensive Propaganda der S. P. E. S. für die italienischen Produkte aufmerksam und hob hervor, daß die Besitzer der großen Restaurants leider noch immer mißtrauisch gegenüber den einheimischen Maschinen sind, obwohl diese nicht nur die besten Garantien bieten, sondern auch regelmäßig gewartet und überprüft werden und auch sonst unbestreitbare Vorzüge gegenüber den ausländischen Erzeugnissen haben.

Auf einem anderen Gebiet ist der Artikel von Dr. Alamanno Guercini, Redakteur der »Italienischen Weinbau-Zeitung«, bemerkenswert (der sich mehrfach sehr intelligent zur futuristischen Küche geäußert hat), in welchem er die

Frage der Einrichtung von Lokalen aufgreift, die Wein und andere italienische Getränke ausschenken. Hier die bezeichnenden Passagen seines Artikels:

Es gibt in dieser Welt viele, die antike Architekturformen lieben und den modernen Wein (der in ultramodernen Weinfabriken hergestellt wird!) am liebsten in »mittelalterlichen« Gemäuern oder in seltsam verwinkelten Katakomben, welche von der wilden Musik einer »jazz-band« widerhallen, trinken. Diese Leute vergessen, daß in jenen weit zurückliegenden Zeiten die Weintraube mit den Füßen gekeltert wurde; oder wenn sie daran denken, so messen sie dem keine Bedeutung bei. Wahrscheinlich wollen sie sich nicht daran erinnern, daß die Holzfässer mit ihrem üppigen Schmuck ringsherum – ach! – in den neuen Kellern immer mehr an Bedeutung verlieren, wo man auf vielfachen Ebenen enorme Batterien von breiten Bassins aus Eisenbeton antrifft.

Zum Beispiel: in einer neuerrichteten Fabrik bei Rom mit 40 000 Hektolitern Fassungsvermögen sind nur 15 000 für Holzfässer vorgesehen.

Sogar die armen Fässer folgen dem Einfluß des Modernismus, und nachdem man versucht hat, sie so oval wie möglich zu bauen, sind die ungeheuren Bottiche bei der Konstruktion für 800 Hektoliter schließlich explodiert.

Wir müssen unsere persönlichen künstlerischen Vorlieben zurückstellen und jenen nützlicheren und praktisch-ökonomischen Methoden der Weinerzeugung folgen, die zweckentsprechend sind.

Mir scheint, bei allem Respekt vor anderen Meinungen, der Wein könnte heute allerhand von der Kunst der Neuerer, der Genialität der Futuristen profitieren – eine sehr schätzenswerte Allianz, was Architektur, Dekoration, Pavillons, Restaurants, Präsentation und Öffentlichkeitsarbeit betrifft.

Wenn der Wein das Getränk mit der ältesten Tradition ist, so ist er doch auch ein Getränk, das sich jährlich erneuert und im Zuge des vielgestaltigen Fortschritts Modernisierungen unterliegt: er ist ein dynamisches Getränk, das Kraftstoff für den Menschen enthält, wie der Motor Treibstoff braucht.

Damit werden andere künstlerische Initiativen zur Aufwertung des Weins weder verneint noch kritisiert: es wird lediglich gefordert, den Avantgarde-Künstlern und ihren künstlerischen und publizistischen Aktivitäten die Türen zu öffnen, und aus vielen Gründen läßt sich voraussehen, daß dies einem breiteren Publikum von Produzenten, Erzeugern, Händlern und Verbrauchern sehr willkommen sein dürfte.

Den Direktionen der Messen und Ausstellungen bleibt viel zu tun.

Bei den regelmäßigen Wettbewerben für Weinpavillons sollten die Verantwortlichen, bevor sie Stände bauen und Öffentlichkeitsarbeit treiben, die Auffassungen der künstlerischen Neuerer ernsthaft in Erwägung ziehen.

Es ist Zeit, auch den Wein nach Kriterien der Modernität und des Futurismus anzubieten und zu bewerben, diese Kriterien praktisch anzuwenden.

Auf der Kolonialausstellung in Paris gab es zahlreiche Pavillons für Wein, Bier, Liköre, Restaurants, Spezialitäten usw. im rationalen Stil. Aber das modernste und lebhafteste war das italienische Restaurant, das die futuristischen Architekten Fiorini und Prampolini erdacht hatten.

In Paris, Berlin und Wien gibt es Hunderte von Bars im futuristischen Stil. In ihnen herrscht blitzende Sauberkeit, Ökonomie, Helligkeit, Raum, Glanz von Metallen und Kristallen.

Auch in Padua der Pavillon der Sakralkunst ist rational gestaltet, wahrhaft nützlich, schön und funktional.

Viele Kataloge französischer Weine sind rein futuristisch aufgemacht. Den zahlreichen anderen Vorzügen moderner futuristischer Lokale, Kataloge und Mappen kann man noch den der Wirtschaftlichkeit hinzufügen, was in diesen schwierigen Zeiten nicht unterschätzt werden darf.

In Italien hat es dazu bisher nur sehr wenige und sporadische Versuche gegeben, während diese italienischen Künstler hochgeschätzt im Ausland arbeiten.

Ich möchte wünschen, daß man sich 1932 bei den großen Weinbauveranstaltungen in Rom in großzügiger Weise der neuen Kunstformen bedienen wird.

Dort muß man Vorposten sein für alle auf dem Feld der Weinbau-Propaganda!

Und wenn die italienischen Futuristen sich mit produktiven und praktischen Aufgaben beschäftigen, wie mit der Propaganda und Aufwertung des italienischen Weins, werden sie Nützliches und Gutes tun.

Dies wünschte ich mir schon, es ist jetzt ein Jahr her, als ich in der »Italienischen Weinbau-Zeitung« über die futuristische Küche schrieb.

Und jetzt laden wir die künstlerischen Neuerer ein, mit uns zusammenzuarbeiten, um auch auf diesem Wege den nationalen Weinbau-Interessen zu dienen.

VORTRÄGE ÜBER DIE KÜCHE

Die Polemik über die futuristische Küche war so heftig und jedermann gegenwärtig, daß auf alle Vorträge Marinettis zumeist lautstarke Diskussionen für und gegen die Pasta asciutta, für und gegen die neuen futuristischen Speisen folgten.

Marinetti hielt von Februar 1931 bis Februar 1932 an folgenden Orten vor gewaltigen Menschenmengen Vorträge, in denen er die Vorzüge der neuen Küche pries und sie der Aufmerksamkeit des Publikums empfahl:

– »Salle d'Effort« in Paris, zur Einweihung der Ausstellung der futuristischen Luftmalerei

– »Galerie Vitelli« in Genua, bei der Eröffnung der Schau der Avangardisten- und Futuristengruppe »Synthese«

– »Galerie Botti« in Florenz, während der Ausstellung der futuristischen Luftmalerei

– »Künstlerklub« in Triest, zur Eröffnung der Ausstellung der futuristischen Luftmalerei

– »Freunde der Kunst in Novara«, zur Ausstellungseröffnung der futuristischen Maler Fillia, Oriani, Mino Rosso, Diulgheroff, Pozzo, Zucco, Saladin, Alimandi und Vignazia

– »Gesellschaftszirkel« in Cuneo, bei der Eröffnung der Ausstellung der futuristischen Maler Fillia und Zucco

– »Faschistische Kulturinstitute« in Brescia und Cremona

– Propagandareise in verschiedenen Städten von Tunesien

– Futuristische Vorträge in Budapest

– »Nationaltheater« in Savona, anläßlich der Schau der Futuristengruppen von Turin und Ligurien

– Vorträge in Sofia und Istanbul

DAS FUTURISTISCHE ESSEN IN NOVARA

Während der »Ausstellung Futuristischer Kunst« im Klub der Freunde der Kunst in Novara wurde auf Wunsch von Dr. Rosina, des Präsidenten des Verbandes der Kaufleute, ein von den Futuristen Fillia und Ermanno Libani geleitetes Bankett veranstaltet. Hier der Text des ausgezeichneten Artikels, mit dem der Chefredakteur der Zeitung »Das Junge Italien« das Ereignis beschrieben hat:

Es ist wirklich schade, daß niemand ein stenografisches Protokoll des futuristischen Abendessens angefertigt hat, das am Sonntag, dem 18. April, in Novara abgehalten wurde; damit wären die Kommentare, mit denen Fillia die Speisen ankündigte, für alle Zukunft feierlich bewahrt worden.

Die Speisekarte bestand aus den folgenden Neuheiten: *Intuitive Vorspeise; Luftspeise (zum Anfassen, mit Geräuschen und Gerüchen); Ganzreis; Fleischplastik; Meer von Italien; Huhn Fiat; Elastiksüß; Simultanobst;* Weine, Bier, Schaumweine, Parfüms und Musikstücke aus Italien.

Die festgesetzte Stunde für die Ausrichtung des Gastmahls war nunmehr überschritten, und niemand sprach davon, endlich mit diesem lukullischen Mahl anzufangen. Ich nähere mich dem...

– Hören Sie mal, mein Lieber, was die Verspätungen angeht, so seid auch Ihr Passatisten; ich dachte, daß die Futuristen, schon um etwas Neues zu machen, früher als vorgesehen beginnen würden; statt dessen gibt es die gewohnte erstickende Warterei wie bei allen Diners in der bürgerlichen Welt.

Er betrachtet mich und lächelt spöttisch. – Essen in der Zukunft... was wäre futuristischer als das?

Der Beginn des Gastmahls

Wie Gott will – der Gott der Futuristen versteht sich darauf, derjenige, den Fillia uns in der Ausstellung Sakraler Kunst in Padua vorstellen wird –, setzen wir uns an den Tisch: *Intuitive Vorspeise*. Man ist allgemein überzeugt, daß dieses Gericht übersprungen werden soll, damit man seinen Glauben an die Definition des Intuitiven aufrechterhalten kann: aber nein. Man serviert uns höchst elegante Körbchen, die aus Orangenschalen geschnitten und mit all dem gefüllt sind, woraus die alte, unseren Urgroßmüttern liebwerte Vorspeise bestand: Salami von echtem Schwein in Essig von Cirio, das Ganze von kleinen Brotstangen durchbohrt, wie man sie nach verläßlichen Informationen von Fachgelehrten auch schon vor zwanzig Jahren verwendet hat.

Aber etwas Neues gibt es, und das besteht aus winzigen Zetteln, die in den gefüllten Oliven verborgen sind. Man spuckt sie aus, entfaltet sie und liest sie mit lauter Stimme zum großen Vergnügen der Anwesenden vor: Emanuelli ist der größte Journalist, gezeichnet Enrico Emanuelli.

Auch das wußten wir.

Die Luftspeise

Wir kommen zur *Luftspeise*: es ist ein Gericht, das ich den Hungrigen nicht empfehle. Es besteht aus einem Fenchelscheibchen, einer Olive und einer China-Frucht. Dazu gibt es einen Pappstreifen, auf dem nebeneinander ein Stück Samt, ein Stück Atlas und ein Stück Glaspapier aufgeklebt sind: das Glaspapier – erklärt Fillia – muß man nicht unbedingt essen, es dient nur dazu, mit der rechten Hand darauf wie auf einer Harfe zu spielen und dadurch Empfindungen hervorzurufen, die die Speisen, bevor man sie mit den Lippen berührt, besonders schmackhaft erscheinen lassen, während die Speisen gleichzeitig mit der linken Hand zum Mund geführt werden müssen.

Was die Gerüche betrifft, so geht der Kellner mit einem großen Zerstäuber herum und besprüht die Köpfe der Gäste (wir raten Fillia, das nächste Mal eine solche Haarwäsche lauwarm zu gestalten, um die kahlköpfigen Menschen keiner Erkältung auszusetzen).

Das Mahl geht unter Witzen und geistreichen, ironischen Scherzworten fröhlich weiter: was alle in diesen Zustand versetzt hat, ist die Ankündigung, daß es keine offiziellen Ansprachen geben wird. Ein wenig ist daran auch der piemontesische Rotwein schuld.

Und die Verdauung ist gesichert.

Ganzreis: ein sehr männliches Gericht in der Form, das im wesentlichen aus Reis, angerichtet mit Wein und Bier, besteht. Sehr genießbar: wer will, bekommt sogar noch einen Teller davon.

Nach dem Ganzreis Knalleffekte: man löscht die weißen Lichter und läßt die roten brennen: Halbdunkel. Der Cavaliere Fontana flüstert mir zu: die futuristischen Gerichte brauchen wie bestimmte Verse moderner Poeten und wie alle brillanten Chemiker viel Halbschatten.

Man serviert eine soeben vom Cavaliere Coppo, dem Inhaber des Hotels Italia, erfundene Speise.

Die Kellner bedienen, während von einer Maschine das Quaken der Frösche wiedergegeben wird.

Reis und Bohnen, Frösche und Salami. Sehr gut.

Aber warum – fragt irgend jemand – hat man nicht auch das Grunzen der Schweine wiedergegeben? Das paßt gut zur Salami!

– Die *Fleischplastik* – heult Fillia – ist das Produkt aller Gärten Italiens.

Hier läuft man Gefahr, sich eine Verdauungsstörung zuzuziehen!

Gehen wir über zum *Meer von Italien*, das auch die Passatisten ohne Anstrengung in die Liste der Familienleckerbissen aufnehmen könnten.

Auf einem spitzbogigen Teller sind längs dem Hauptradius Filetstücke von in Butter gedünstetem Fisch angeordnet, auf denen mit Hilfe eines Zahnstochers in absteigender Linie eine kandierte Kirsche, ein Bananenstück aus Australien, ein Stück Feige befestigt sind.

Auf beiden Seiten des Tellers Spinatcreme, oben und unten Soße von Cirio. Das Aussehen eines grotesken Ozeandampfers, der Geschmack unserer besten Küche.

Vom *Huhn Fiat* schweige ich aus Protest. Um uns zu besänftigen, singt Fillia das Loblied auf die kahlköpfige und bebrillte Frau der Zukunft: das ist eine glückliche Kombination, kahle Frauen und *Huhn Fiat*!

Das *Elastiksüß* ist aus bescheidenem, mit Creme in grellen Farben gefülltem Gebäck geformt. Es ist eine elastische Süßspeise, weil man auf jedes Gebäckstück eine Pflaume geklebt hat.

Das *Simultanobst* besteht aus verschiedenen Stücken... darunter geschältes, untereinander verbundenes Obst: Orange, Apfel, Dörrobst.

Kaffee, stop.

DAS GROSSE FUTURISTISCHE BANKETT IN PARIS

Zur Kolonialausstellung in Paris verwirklichte der futuristische Architekt Fiorini einen kühnen Pavillon, in dem das italienische Restaurant seinen Sitz hatte. Das Innere des Pavillons, ein weiter Saal, der mehr als 100 Tische faßte, war auf geniale Weise mit 8 enormen Paneelen des futuristischen Malers Enrico Prampolini geschmückt: diese Paneele stellen, wie allgemein anerkannt, alles dar, was man zum »kolonialen« Thema nicht moderner, lyrischer und intensiver realisieren könnte. Sie gaben dem Lokal eine afrikanische und zugleich mechanische Atmosphäre, die glänzend den Willen ausdrückte, die kolonialen Motive einer modernen und futuristischen Empfindung gemäß zu deuten.

In diesem sehr passenden Restaurant wollten die *Französisch-Lateinischen Ausgaben*, vertreten durch die Damen Belloni und Farina und Herrn Pequillo, zum ersten Mal in Paris die futuristische Küche verwirklichen, und sie einigten sich mit den Malern Prampolini und Fillia über die Vorbereitung des Diners.

Die Menge, die sich am Abend der Manifestation drängte, um dem großen Bankett beizuwohnen, setzte sich aus den besten Persönlichkeiten von Paris zusammen. Die größten französischen Tageszeitungen waren vertreten.

Die Speisekarte:

1. Sämtliche Fontänen (von dem Maler Prampolini)
2. Alkoholkarussell (von dem Maler Prampolini)
3. Simultan-Vorspeisen (von dem Maler Fillia)
4. Appetitanreger (von dem Maler Ciuffo)
5. Veränderliche Vorreden (von dem Maler Prampolini)

6. Ganzreis (von dem Maler Fillia)
7. Die Nahrungsinseln (von dem Maler Fillia)
8. Äquator + Nordpol (von dem Maler Prampolini)
9. Luftspeise, fühlbar, geräuschvoll und parfümiert (von dem Maler Fillia)

Hühnchen aus Stahl – als Überraschung (von dem Maler Diulgheroff) erregtes Schwein – als Überraschung (von einem Primitiven von 2000)

10. Fleischplastik (von dem Maler Fillia)
11. Maschine zum Kosten (von dem Maler Prampolini)
12. Frühlingsparadox (von dem Maler Prampolini)
13. Elastikkuchen (von dem Maler Fillia)
14. Weine – Schaumweine – Parfüms – Musikstücke – Geräusche und Lieder aus Italien.

Außerdem waren zwischen den Gerichten Tanz-, Gesangs- und Musikeinlagen angekündigt.

Der futuristische Publizist Francesco Monarchi, Chef-Redakteur des *Neuen Italien*, beschreibt das Bankett so:

Die Ereignisse, die wir im Begriff sind darzustellen, haben ein außerordentliches Gewicht. In der Tat hatte die einfache Ankündigung des futuristischen Essens unter den »vernünftigen« Landsleuten eine Welle von Mißbilligung und feindseligen Bemerkungen ausgelöst, die einen heftigen geistigen Aufruhr androhten. Diese Vernünftigen fanden den revolutionären Charakter der angekündigten Gerichte unwürdig, weil nach ihrer Meinung niemals an die Traditionen, schon gar nicht an die gastronomischen, gerührt werden darf.

Um unserer Chronistenpflicht Genüge zu tun, müssen wir registrieren, daß die Titel der Gänge tatsächlich zu den schwärzesten Befürchtungen Anlaß geben konnten, und die zusätzliche Erschwerung durch Musikstücke, Düfte, Berührungsgerichte, Geräusche und Lieder bewirkte geradezu einen kaum erträglichen Alpdruck.

Trotz dieser Welle von Pessimismus sahen viele Mutige der Entfernung, der Ungunst der Stunde und dem Schrecken des Ereignisses kühn ins Auge und füllten am Abend des vorigen Mittwoch den Saal des futuristischen Pavillons.

Am Eingang nahmen Frau Belloni und Fräulein Farina als Veranstalterinnen des Abends, zusammen mit den *Französisch-Lateinischen Ausgaben*, die heldenmütig Erschienenen in Empfang. Ganz blaß vor Erregung (eine Blässe, die jedoch ihre Anmut steigerte), war es den beiden Damen absolut unmöglich, die Ängstlichen zu ermuntern, die, an der Schwelle angekommen, in einem letzten kummervollen Zweifel den Saal nicht zu betreten wagten.

Jedoch die festliche Fröhlichkeit des Lokals, das von den enormen Paneelen Prampolinis belebt wurde, die elektrisierende Sicherheit Seiner Exzellenz Marinetti, das imponierende Aufgebot an Bedienungspersonal und die weiße Ruhe der traditionell gedeckten Tische gaben den Zögernden den Mut zur eigenen Handlung zurück.

Nur die rätselhaften Gesichter von Prampolini und Fillia, den Erfindern der futuristischen Speisen, bewahrten das Geheimnis des nahe bevorstehenden Ritus.

Im Gegensatz zu unserer sonstigen Gewohnheit werden wir eine ausführliche Liste von Namen geben, da diese Personen als die Vorläufer im Probieren der Küche der Zukunft in die Geschichte eingehen werden.

Seine Exzellenz der Fürst von Scalea, den man bisher bei jeder italienischen Kundgebung finden konnte, saß mit einigen Mitgliedern seines Kommissariats am Ehrentisch, unter ihnen der Commendatore Dall'Oppio und der Marquis von San Germano mit dem Vertreter des Ministers Reynaud, der Regent des Fascio Dr. Saini, der Abgeordnete Ciarlantini, der Rechtsanwalt De Martino, Verwaltungssekretär des Fascio, der Cavaliere Gennari vom Direktorium.

An anderen Tischen: der Rechtsanwalt Gheraldi vom Autorenverband, Vittorio Podrecca, der Kunstkritiker Eugenio D'Ors von der Akademie in Madrid, der Graf Emanuele Sarmiento, der Doktor Lakowsky, Herr Cartello, der bekannte Maler Sepo, Herr Pequillo von den *Französisch-Lateinischen Ausgaben* usw.

Viele und elegante Damen hatten kühn dem Abenteuer die Stirn geboten. Wir haben notiert: die Marquise von San Germano, Madame Van Donghen, die Gräfin De Fels, Madame Mola, Madame De Flandreysy, Madame Lakowsky, Frau Podrecca, Madame Madika, Madame Tohaika, Miss Moos, Madame Massenet-Kousnezoff, Fräulein Cirul, Madame Ny-eff, Madame Castello, Frau Pequillo, Fräulein Budy, Durio usw.

Um 21.30 Uhr führt ein gewaltiger Gongschlag die Anwesenden zur Wirklichkeit des Geschehens zurück. Ein unvorhergesehenes grünes Licht läßt die Tischgäste noch gespenstischer erscheinen.

Es werden die beiden Appetitanreger-Mixturen angekündigt, die der Maler Prampolini kreiert hat:

Die sämtlichen Fontänen und das *Alkoholkarussell*. Zur allgemeinen Überraschung fischt man aus der einen Mixtur Schokolade und Käse heraus, die in Rotwein, Limonade und Magenbitter schwimmen, und aus der anderen eine schneeweiße Oblate, die etwas Anchovis enthält. Einige Grimassen, aber das erste zufriedenstellende Ergebnis, so sehr, daß manche noch mehr davon nehmen.

Drei gleichzeitig servierte Vorspeisen sorgten für eine kurze Unterbrechung der Streiterei über den Aperitiv. Die *Simultan-Vorspeise* von Fillia (gehackte Apfelschale, Salami und Anchovis), der *Appetitanreger Ciuffo* (Ananasscheibe mit Sardine, Thunfisch und Nuß) und der *Veränderliche Anfang* von Prampolini (Butter, Olive, Tomate und Bonbons) erschreckten zwar durch ihre kühnen Formen, fanden aber schnell die Sympathie des Gaumens.

Kein Waffenstillstand: der *Ganzreis Fillia* wird als Gemisch von Reis, Bier, Wein, Eiern und Parmesankäse angekündigt. Es wird von den Gästen verschlungen, deren ursprünglicher Gemütszustand sich zu ändern beginnt.

Erste Unterbrechung: Fräulein Jole Bertacchini von der San Carlo-Oper in Neapel singt entzückend und erhält viel Applaus.

Unerbittlich erscheint wieder die imposant lange Reihe der Kellner, die jetzt die *Nahrungsinseln* von Fillia auftragen, eine köstliche Vereinigung von Fisch, Banane, Kirsche, Feige, Ei, Tomate und Spinat.

Wieder eine Unterbrechung, und Mila Cirul beginnt ihre Tänze, die die größte und anhaltende Begeisterung auslösen. In der Tat ist die hochmoderne Kunst dieser außerordentlichen Tänzerin schwerlich zu übertreffen, da vielleicht nur sie begriffen hat, wieviel Schönheit einer absolut neuen und genialen Tanzinterpretation entspringen kann.

Während man sich an die futuristische Küche bereits etwas zu gewöhnen beginnt, kündigt Graf Sarmiento, der sich erboten hatte, die Gänge zu erläutern, die Luftspeise des Malers Fillia an.

Die *Luftspeise* besteht aus Früchten und verschiedenen

Gemüsesorten, die man mit der rechten Hand ohne alles Besteck ißt, während die linke Hand ein Berührungsbrett streichelt, das aus Glaspapier, Samt und Seide zusammengesetzt ist. Inzwischen intoniert das Orchester einen geräuschvollen und gewalttätigen Jazz, und die Kellner bespritzen den Nacken aller Gäste mit starkem Nelkenparfüm. Der Saal hallt wider von den Schreien der unfreiwillig mit Parfüm berieselten Damen, dem allgemeinen Gelächter und dem schier endlosen Beifall.

(Eine einzige Person blieb von der allgemeinen Begeisterung unberührt: sie wurde sogleich befragt, und man entdeckte, daß sie linkshändig war – sie rieb daher das Berührungsbrett mit der Rechten, während sie mit der Linken aß.)

Nun hatte die Erneuerung der futuristischen Küche triumphiert. Die *Fleischplastik* von Fillia, der *Nordpol + Äquator* von Prampolini, das *Frühlingsparadox* und die *Maschine zum Kosten* von Prampolini, das *Elastiksüß* von Fillia wurden trotz der Kühnheit ihrer Formen und der Originalität des Inhalts hochgeschätzt.

Unter den verschiedenen Gängen wurden zwei Überraschungsgerichte für nur 10 Personen reserviert. Das *Stahlhuhn* von Diulgheroff und das *Erregte Schwein*. Der von aluminiumfarbenen Aufschneidegeräten mechanisierte Hühnerkörper und die in Soße aus Kaffee und Eau de Cologne getauchte Salami wurden für hervorragend erklärt.

Noch eine Unterbrechung: Frau Maria Kousnezoff von der Oper und vom exkaiserlichen Theater in Petersburg demonstrierte noch einmal mit zwei Interpretationen, am Klavier begleitet von Maestro Balbis, ihre außergewöhnlichen Stimmqualitäten, denen sie ihren weltweiten Ruf verdankt.

Dann sang Herr Roberto Marino von der Oper in Monte Carlo auf das köstlichste neapolitanische Lieder.

Exzellenz Marinetti, der am Bankett nicht nur als Präsident teilgenommen hatte, sondern auch die ganze Zeit über an den Diskussionen und an den Exaltationen der Speisen beteiligt war, pries das futuristische Diner als erste Realisierung des berühmten Manifests der futuristischen Küche in Paris, des Manifests, das eine weltweite Polemik von mehr als 2000 Artikel ausgelöst und den Sinn »Kunst = Leben« demonstriert hat, welcher alle futuristische Aktivität beseelt.

Nachdem er die gastronomischen Schöpfungen der Maler Prampolini und Fillia gelobt und die großartige Organisation des Abends seitens der *Französisch-Lateinischen Ausgaben* hervorgehoben hatte, huldigte Exzellenz Marinetti mit seiner gewohnt spritzigen Eloquenz dem Mut der Anwesenden und stellte mit Genugtuung die allgemeine Zufriedenheit fest.

Sehr geistreich wies Exzellenz Marinetti sodann auf die Gesangs- und Tanzdarbietungen hin, wobei er den beabsichtigten Gegensatz des (ausschließlich traditionellen) lyrischen Teils zum Futurismus hervorhob, der Essen und Tänze zu einem Ganzen zusammenfüge.

Während sich der Beifall bei der kurzen und lebendigen Ansprache Marinettis aufs neue erhob, erschien Joséphine Baker im Saal, begleitet von Herrn Abbatino.

Die Baker bekam den herzlichsten Empfang und blieb bis zum Ende des außergewöhnlichen Abends, den man mit sehr lebhaften Tänzen beschloß.

Joséphine Baker, die plötzlich zur höchst lebendigen Hauptattraktion geworden war, spielte eine äußerst wichtige Rolle beim Gelingen des Festes: in der Tat war ihrem unwiderstehlichen Zauber die Überwindung der letzten Zweifel bei den Teilnehmern über die Konsequenzen der futuristischen Küche zuzuschreiben.

DAS FUTURISTISCHE LUFTESSEN IN CHIAVARI

Am 22. November 1931 organisierte der Commendatore Tapparelli in Chiavari eine wunderbare futuristische Tagung, bei der man eine Ausstellung Futuristischer Kunst eröffnete, einen Dichterwettbewerb veranstaltete (der von dem Poeten Sanzin aus Triest gewonnen wurde) und einen Vortrag von F. T. Marinetti über den *Weltweiten Futurismus*. Außerdem nahmen mehr als 300 Personen an dem großen Luftessen teil, das im Hotel Negrino stattfand: dort waren die Spitzen der Gesellschaft von Stadt und Land versammelt.

Lange Artikel wurden dem Ereignis gewidmet, in allen ligurischen Zeitungen, im *Corriere della Sera* und in vielen anderen italienischen Tageszeitungen. Wir bringen hier die wesentlichen Passagen des spaßigen Textes eines Redakteurs des *Corriere Mercantile*:

Das starke Stück des Tages – ein starkes Stück wenigstens für den Chronisten, der begierig nach Zerstreuungen und erfüllt von dem Wunsch nach sogenannten farbigen Anknüpfungspunkten ist – war zweifellos das »Erste futuristische Luftessen«, eine Art von fleischplastischer Orgie, die sich in den Sälen des Hotels Negrino entwickelte und den Magen der gut dreihundert geladenen Gäste auf eine harte Probe stellte.

Jede Speise wurde von dem berühmten Koch Bulgheroni peinlich genau ausgearbeitet, der eigens von Mailand in die Gegend von Chiavari gekommen war, um mit seinen Leckerbissen die massive und festgeschlossene Tür der Ravioli und der Pasta asciutta einzurennen.

Überraschungsdatteln

Unter den lebhaftesten Erwartungen der Anwesenden, von denen viele ein Zittern in der Magengrube verspürten, das durchaus nicht dem Appetit, sondern einer gewissen rationalen Furcht zuzuschreiben war, begann das Essen mit einer *Einleitungs-Pastete*: einer Art Vorspeise, die vielleicht zu poetisch war, um pflichtgemäß vom Magen geschätzt zu werden, der, wie jeder weiß, ein roher Materialist ist. Diese Pastete bestand aus Kalbsköpfchen, die elend aus der Fassung gebracht, zur Hälfte in einem Auflauf von Ananas, Nüssen und Datteln schwammen: Datteln, die sich bei der Probe der Zähne als schwanger von einer fast zyklopischen Überraschung entpuppten: in der Tat waren sie sorgfältig mit Anchovis vollgestopft, so daß aus diesen unschuldigen Köpfchen, dieser Ananas und diesen mit Fisch zusammengewikkelten afrikanischen Früchten sich eine Art Pudding ergab, der jede Speiseröhre vor Bewunderung verstopfte.

Rosen in der Brühe

Von dort fuhr man à la Garibaldi mit einem *Gaumenstart* fort; dieser Name bezeichnete eine klare, ziemlich sonderbare Brühe, die an Fleischsaft, Champagner und Likör erinnerte: auf dieser Mischung, die für Eingeweihte außerordentlich appetitanregende Kräfte haben muß, schwammen lieblich und zart Blütenblätter von Rosen. Mit einem solchen Meisterwerk der Suppenlyrik konfrontiert, unternahmen die Geladenen mutig das Experiment, es zu verschlucken; in offensichtlicher Feigheit verzichtete jedoch auch mehr als einer darauf, es zuende zu führen, und begnügte sich damit, ein Rosenblatt aus dem Suppenteller zu angeln, es mit der

Serviette abzutrocknen und sich als Andenken an das Essen und Dokument eines Banketts in der Brieftasche aufzubewahren, um später den Nachkommen davon zu erzählen.

Es kam der dritte Gang, *Ochse in der Gondel*, oder was das für höchst geheimnisvolle Klößchen sein mochten, deren Zusammensetzung zu untersuchen nicht schön wäre und nichts nützen würde, sanft hingebreitet auf Flugzeugen aus Brotrinde. Schön die Flugzeuge, weniger schön die Klößchen. Jedenfalls wurde dieses Gericht sehr hoch geschätzt als dasjenige, das vielen der Gäste die günstige Gelegenheit bot, den Hunger wenigstens mit Brot zu stillen, welches ihnen wie nie zuvor als kostbare und göttliche Speise erschien.

Kandierte atmosphärische Elektrizität

Und nun erscheinen die Kellner mit großen Tabletts und bringen die *Kleinen Flüge der großen Wiese*, bestehend aus einem ziemlich teuflischen Gemisch, zu dem Scheiben von roten Rüben und Orangen sich zusammentaten, verbündet mit Öl und Essig und einer Prise Salz. Schon an diesem Punkt befanden sich die Verdauungsorgane vieler Esser nicht mehr völlig im Normalzustand, so daß man es ihnen nicht zum Vorwurf machen kann, wenn sie eine instinktive Schreckensgebärde nicht unterdrücken konnten, als auf dem Tablett das »abschließende Gericht« erschien. Ein Gericht, das sich eines überaus dynamischen Namens rühmte: *Kandierte atmosphärische Elektrizität*. Diese liebe und unvergeßliche »Elektrizität« sah aus wie stark gefärbte Seifenstücke aus falschem Marmor; sie enthielten in ihrem Inneren einen süßlichen Teig, der aus Zutaten gebildet war, welche genau anzugeben nur aufgrund einer sorgfältigen chemischen Analyse möglich wäre. Mit der Gewissenhaftigkeit des Chronisten müssen wir sagen, daß nur der kleinste Teil der Bankett-Teilnehmer es wagte, diese Seifenstücke zum Munde zu führen: die Namen derer, die es wagten, kennt man unglücklicherweise nicht. Wir sagen unglücklicherweise, weil eine Handvoll solcher Helden es verdient hätte, sich wenigstens auf einer Gedenktafel aus Erz verewigt zu sehen.

So kam man zur *Verdauungs-Vertäuung*: zu einer Vertäuung, die nicht alle vollbringen konnten, in Anbetracht dessen, daß viele schon beim Augenblick des Starts abgestürzt waren. Und nun erhob sich Marinetti, um zu sprechen, der, mit einer wunderbaren Beredsamkeit, die spontan aus ihm hervorquoll, als hätte er keine Speise berührt, sich in eine feurige Anklagerede gegen die Schändlichkeit der Pasta asciutta und die Schmach der Ravioli stürzte, wobei er im Gegensatz zu diesen die futuristischen Speisen und besonders die amphibischen Datteln pries, von denen man zu Beginn des Banketts eine unvergeßliche Probe hatte kosten können.

Als Marinetti sich gesetzt hatte, sprang der Dichter Farfa auf und deklamierte mit fliegerischem Ungestüm eine fast pindarische Ode, betitelt »Geröhr«.

DAS FUTURISTISCHE LUFTBANKETT IN BOLOGNA

Die futuristischen Maler Caviglioni und Alberti veranstalteten in Bologna, im Journalistenklub, eine wichtige Ausstellung der Luftmalerei, die am 12. Dezember 1931 von F. T. Marinetti eröffnet wurde. Darauf richteten dieselben Maler im Haus des Fascio ein lebhaft erwartetes, großes Luftbankett aus (dessen Preis 20 Lire pro Person betrug); der *Resto del Carlino* berichtete so darüber:

Der Erfolg des sehenswerten Luftbanketts ist der vollkommenste gewesen, und der Saal im Haus des Fascio, der für dieses ganz besondere kulinarische Risiko ausgewählt wurde, hat gestern abend um 21.30 Uhr (auch der Stundenplan war etwas ungewohnt!) zahlreiche Personen aufgenommen, unter denen sich prominente Persönlichkeiten des öffentlichen Lebens, Maler, Journalisten, Damen und einfach auch nur Feinschmecker befanden. Von den Behörden waren anwesend der Provinzdirektor Commendatore Turchi und Seine Magnifizenz der Rektor der Universität Professor Ghigi, der gekommen war, um die aufrührerische Bewegung zum Haß auf die Pasta asciutta mit dem heiligen Siegel der Gelehrsamkeit zu sanktionieren.

Wie im Flugzeug

Das Luftbankett hat seinem Namen durch die von den Organisatoren veranstaltete Inszenierung alle Ehre gemacht. Die Tische waren geneigt und über Eck angeordnet und gaben so den Eindruck eines Flugzeugs. Hier die Flügel – aber schmal und eng, wie bei einem Wasserflugzeug von hoher Geschwindigkeit –, hier der Rumpf, dort im Hintergrund das

Heck. (Unbemannt, wie es auch in echten Flugzeugen zu sein pflegt.) Zwischen den Flügeln ein großer Propeller – im Stillstand, zu unserem Glück! –, weiter hinten zwei Motorradzylinder, die bei dieser Gelegenheit in den Rang von Flugzeugmotoren befördert worden waren.

Anstelle der gewohnten Tischtücher finden wir Folien aus Silberpapier, die in der Phantasie der Veranstalter aus Aluminium sein könnten, und eine leuchtende Blechscheibe dient als Telleruntersatz, worin die Damen – oh, glücklicherweise ein entzückender Spiegel! – ihr gewagtes Make-up kontrollieren.

Das Synthetische der Tafel ist offensichtlich. Sehr wenig sichtbare Sachen. Die Gläser sind die gewohnten, die Teller und Bestecke desgleichen; aber dem Ganzen fehlen die Blumen, welche ersetzt werden durch ... rohe Kartoffeln, auffällig gefärbt und kunstvoll in Schnitzel zerlegt; schlimm für den, der nicht zwischen dem Zeug, das zum Vergnügen des Magens dient, und dem anderen, das zur Augenweide bestimmt ist, unterscheiden kann. Ein anderer echter Einfall: das Brot. Keine gewöhnlichen Rosetten oder Stangen auf französische Art oder Wiener Kipfel, sondern eigens modellierte Brötchen, die die Form eines Eindeckers oder Propellers haben; und man muß gestehen, daß die Form sich ausgezeichnet dazu eignet, in Teig gebacken oder auch zweimal gebacken zu werden.

Letzte Feststellung: die Kellner tragen einen Kragen aus blau gefärbtem Zelluloid, während der Maler Alberti als Direktor der Tafel eine pompöse und sehr auffällige Weste in tausend Farben vorweist.

Risotto mit Orange...

Das Luftbankett wird auf leicht passatistische Art eröffnet: mit einer Vorspeise. Die nennt sich *Pikanter Flughafen*, scheint uns aber nichts weiter als ein russischer Salat im »alten Stil«, mit dem Zusatz einer Orangenscheibe, die mit einem Scheibchen hartem Ei und einer Olive verheiratet ist. Die Orange ist mit rosa gefärbter Butter bestrichen.

Bevor die Ansichten über das Eröffnungsgericht verbreitet werden, rückt unter den »Oh«-Rufen der Anwesenden das Gericht Nummer Zwei majestätisch vor.

Die Karte spricht von *Rhomben im Aufstieg*, aber Exzellenz Marinetti tauft den Gang so um: Risotto mit Orange, wobei der Reis immer jener ist... wie früher, aber die Soße – ah, die Soße! – beruht auf Orangen. Und mit gebackenen Orangenscheiben wird das weiße Aussehen des Gerichts vergoldet.

Risotto mit Orange, wir sind sicher, ruft einige Unruhe auf den Rängen hervor.

...und die »nahrhaften« Geräusche

Wir befürchten das Herannahen einiger Komplikationen, aber unversehens wird der Saal in ein durchsichtiges blaues Licht getaucht, und im Saal nebenan beginnt ein Motor zu knattern. Der Maler Alberti meldet mit ernster Stimme – aber warum lächelt der Herr da? –, daß das Flugzeug sich in achttausend Meter Höhe befindet, und Marinetti bestätigt und erklärt in bewährter Weise:

– Spürt, wie das Geräusch der Motoren dem Magen guttut und ihn nährt... Es ist eine Art von Massage des Appetits.

Endlich läßt man sich aus der kulinarischen »Stratosphäre« wieder herab, und die Menge findet nichts besseres, als sich hinzusetzen und wütend auf die Blechteller zu schlagen, wodurch sie in den Rang von »Geräuschmusikern« befördert wird.

– Wir wollen den nationalen Brennstoff.

Und der nationale Brennstoff (gemeinhin: Wein von unseren Hügeln) rückt im Triumph an, aus einigen Blechbehältern für extradickes Öl ausgeschenkt. Es ist Wein in Kanistern. Wein in ... Blech; und in Erwartung des Hauptgerichts schicken sich die Tischgenossen an, die Flügel der Flugzeuge aus Brot abzunagen.

Aber auch das Hauptgericht – oder die *Fleischplastik mit Flugzeugrumpf aus Kalbfleisch* – kommt an. Und ist ein unbestreitbarer Erfolg. Das Gericht, um die Wahrheit zu sagen, ist nur in Nuancen futuristisch. Es handelt sich in der Tat um ein Kalbsschnitzel, verbündet mit einem dünnen Würstchen; und die Beilage besteht aus zwei Zwiebelchen und zwei gebackenen Maronen. Aber nach den Experimenten auf der Basis von Orangen machen die beiden von einem Würstchen flankierten Maronen überhaupt keinen Eindruck mehr!

Schade, daß das Fleisch – nach der gewohnten Vorführung rund um die Tische herum – fast kalt ankommt. Da nützt es wenig, daß Exzellenz Marinetti die ... Frostigkeit vermehrt, indem er bestätigt, daß in achttausend Meter Höhe die Speisen nicht heiß bleiben können ...

Wenig später unternimmt der Chef des Futurismus seine eigene Offensive gegen den friedlichen Doktor Magli, den Vertreter der Achäer: er rügt ihn, weil er es gewagt hat, das Fleisch vor dem Probieren zu beschnüffeln.

– Das – ruft er aus – ist passatistisch. Das ist nicht tapfer ...

Und Magli im Rückschlag:

– Sehr richtig ... Ich hätte das Ohr daran halten müssen,

um zu hören, ob es wiehert. – Und ein homerisches Gelächter umbrandet die schlagfertige Antwort.

So geht das Luftbankett weiter, mit launigen Einfällen zwischen den Gängen, einem Glas mit nationalem Brennstoff und einer nostalgischen – aber nur leise geäußerten – Anspielung auf Nudeln mit Fleischsoße. Exzellenz Marinetti hingegen kennt keine Nostalgie. (Das fehlte gerade noch.) Er schwärmt von dem Gastmahl und verlangt sogar, daß die Köche sich vor seinem Angesicht zeigen, um Beifall entgegenzunehmen. Aber die Aufgeforderten zögern zu erscheinen, und Marinetti wiederholt die Aufforderung. – Die Köche sollen kommen. – Und da erhebt sich eine Stentorstimme im Hintergrund des Saales und ruft aus:

– Sie kommen nicht, weil sie Angst vor uns haben!

Es handelt sich jedoch um eine offensichtliche Verleumdung, denn kurz darauf halten zwei cordons bleus vom Haus des Fascio ihren Einzug und werden von Marinetti und seinen Anhängern mit Händeklatschen begrüßt. Doch die zwei Köche sind unsicher. Sie fürchten, daß man sich über sie lustig macht, und sagen daher in ihrer stummen Sprache:

– Verzeihen Sie uns, meine Herren, aber wir können wirklich nichts dafür...

Nieder mit dem »Küchen-Museum«

Man hatte es mit der Vorspeise begonnen und beschloß das Bankett mit Gesprächen. Nachdem man tatsächlich aufgestanden war, um über die Onida-Goldmedaille zu sprechen, drückte Dr. Magli die Gefühle der »Nudelisten« aus, während ein Anonymus ein Telegramm schickte, in dem es wörtlich hieß: »Nieder mit der Pasta asciutta, gut, aber die Bandnudeln sind ein ganz anderes Paar Schuhe!«

Endlich stand Exzellenz Marinetti auf, um zu erklären, seine Beredsamkeit sei buchstäblich verstopft von der mannigfaltigen und köstlichen Üppigkeit der genossenen Luftspeisen, von denen einige – wie er hinzufügte – für besonders wichtig befunden wurden, wie zum Beispiel der mit Orange angerichtete Reis. Er sang daher das Loblied der futuristischen Küche, vor der die Pasta asciutta endgültig auf dem Rückzug sei.

Die Bandnudeln – sagt er – sind nunmehr die letzte Bastion der Passatisten; die Bastion der Pasta mit Ei. Die futuristische Küche ist die Erfüllung des allgemeinen Wunsches nach Erneuerung unserer Ernährung, ist der Kampf gegen das Gewicht, die Verbauchung, die Fettleibigkeit. Wir wollen unsere alte gierige Vitalität behalten, auch wenn die Jahre uns mit ihrem Regen und Nebel gezeichnet haben. Unsere Anstrengung geht dahin, alle unsere jugendlichen Kräfte zu militarisieren. Deswegen wollen wir, daß die italienische Küche nicht zum Museum wird. Wir behaupten, daß die italienische Genialität noch weitere 3000 ebenso gute Speisen erfinden kann, die der gewandelten Sensibilität und den gewandelten Bedürfnissen der gegenwärtigen Generation noch besser entsprechen.

Mit einem weiteren knatternden Gruß an die Mitarbeiter in Bologna beendete Exzellenz Marinetti seine Ansprache, und das Luftbankett ging zuende, während die Tischgenossen die Blechuntersetzer als Andenken mitnahmen, die der Futuristenchef mit seiner Unterschrift versehen mußte, und zwar mittels einer Gabelzinke, die als Stichel diente.

TYPISCHE ANEKDOTEN

Außer den Tausenden von Artikeln, in denen die großen futuristischen Bankette von Turin, Novara, Paris, Chiavari und Bologna erörtert, gepriesen, verlacht, verurteilt und verteidigt wurden, liefen in allen Wochenblättern, in allen Illustrierten oder direkt beim Publikum sehr viele Karikaturen und Anekdoten um. Man könnte mehrere Bände damit füllen, das ganze Feuerwerk bizarrer und humoristischer Einfälle einzufangen, das von der futuristischen Küche und ihrer Realisierung ausgelöst wurde.

Typisch sind die folgenden Anekdoten:

1) In Aquila versammelten sich unzählige Frauen, um einen feierlichen Bittbrief zugunsten der Pasta asciutta zu unterschreiben. Dieser Brief wurde an Marinetti gerichtet. Die Frauen von Aquila, die sich nie über noch so wichtige Probleme erregt hatten, hielten diesen gemeinsamen Aufstand für notwendig, so tief war ihr Glaube an die Pasta asciutta.

2) Den Zeitungen von Genua ging die Nachricht über die Gründung einer P.I.P.A. genannten Gesellschaft (Propaganda-Internationale gegen die Pasta asciutta) zu, die verschiedene Wettbewerbe ausschrieb, um die verhaßte Speise zu bekämpfen und neue Nahrungsmittel zu erfinden.

3) In Neapel gab es Volksumzüge zugunsten der Pasta asciutta.

4) Die Kunden zweier italienischer Speiselokale in San Francisco in Kalifornien – das eine im Parterre, das andere im ersten Stock eines Hauses gelegen – gerieten für und gegen die futuristische Küche in Streit; so kam es an den Fenstern und auf der Straße zu einer lärmenden Schlacht mit Geschossen aus Eßwaren und Kochtöpfen. Einige Verletzte.

5) In Turin hielten die berühmtesten Köche einen Kongreß ab, um einen Beschluß über die futuristische Küche zu fassen; es gab hitzige Diskussionen und Streitereien zwischen beiden Parteien.

6) In Bologna erschien zu einem großen Studentenessen unversehens F. T. Marinetti, der zum Staunen aller gierig einen Teller Spaghetti verzehrte: erst später kamen die Tischgäste darauf, daß es nicht Marinetti war, sondern ein geschickt geschminkter Student.

7) In einigen großen Zeitschriften erschienen Fotografien von Marinetti, wie er Pasta asciutta aß: es waren Fotomontagen. Der futuristischen Küche feindlich gesinnte Experten hatten sie gemacht, um so die Kampagne für die neue Ernährungsweise in Verruf zu bringen.

8) In Bologna wurde eine Bühnenrevue unter dem Titel »Fleischplastik« aufgeführt.

9) In Turin kam unter dem Titel »Der Heilige Gaumen« eine Operette von Sparacino und Dall'Argine zur Aufführung.

Während die Polemiken inzwischen einander ablösen, vertreibt ein neuer Sinn für Optimismus und Fröhlichkeit die nostalgische und graue Gewohnheit des alten Essens, und die Futuristen, die gerade die ersten Vorführungen überstanden haben, bereiten andere originelle Neuerungen vor.

DIE MASSGEBENDEN FUTURISTISCHEN DINERS

Die futuristische Küche nimmt sich nicht allein eine vollständige Revolution der Ernährung unserer Rasse vor, mit dem Ziel, ihre Menschen leichter zu machen, sie zu spiritualisieren und zu dynamisieren.

Die futuristische Küche nimmt sich außerdem vor, durch die Kunst der Harmonisierung ihrer Speisen wichtige Seelenzustände zu suggerieren und zu bestimmen, die sonst nicht suggeriert und bestimmt werden könnten.

Wir haben Programme für Diners zusammengestellt, die wir SUGGESTIV und DETERMINIEREND nennen.

HEROISCHES WINTERESSEN

Soldaten, die im Januar um 3 Uhr nachmittags den Lastwagen besteigen müssen, um gegen 4 die vorderste Front zu erreichen, oder hochfliegen, um Städte zu bombardieren oder feindliche Geschwader zurückzuschlagen, würden vergebens versuchen, sich darauf mit dem schmerzlichen Kuß einer Mutter, einer Braut, der Kinder oder mit leidenschaftlichen Briefen vorzubereiten.

Ein verträumter Spaziergang ist dazu gleichfalls untauglich. Untauglich auch die Lektüre eines unterhaltenden Buches.

Statt dessen setzen sich diese Soldaten zu Tisch, wo ein »Kolonialfisch bei Trommelwirbel« und »rohes Fleisch, vom Klang der Trompete aufgeschlitzt« serviert wird.

KOLONIALFISCH BEI TROMMELWIRBEL: gekochte Meeräsche, 24 Stunden in einer Tunke von Milch, Likör, Kapern und rotem Pfeffer eingelegt. Unmittelbar vor dem Servieren wird der Fisch tranchiert, mit Dattelkonserven belegt und mit Bananenscheibchen und Ananasscheiben garniert. Er wird bei fortwährendem Trommelwirbel gegessen.

ROHES FLEISCH, VOM KLANG DER TROMPETE AUFGESCHLITZT: einen vollkommenen Würfel von Ochsenfleisch schneiden. Ihn mit elektrischem Strom mürbe machen, ihn 24 Stunden in eine Mischung von Rum, Cognac und weißem Wermut einlegen. Ihn herausnehmen und auf einer Unterlage aus rotem Pfeffer, schwarzem Pfeffer und Schnee servieren. Jeden Bissen sorgfältig eine Minute lang kauen und die Bissen bei den ungestümen Tönen der Trompete zerteilen, die vom selben Esser geblasen wird.

Im Moment des Aufstehens wird man den Soldaten Teller mit reifen Kakifrüchten, Granatäpfeln und roten Apfelsinen vorsetzen. Während dies in den Mündern verschwindet, wird im Saal der äußerst liebliche Duft von Rose, Jasmin, Geißblatt und Akazie mit Zerstäubern versprüht, dessen nostalgische und dekadente Süße von den Soldaten brutal zurückgewiesen wird, die sich blitzartig die Gasmasken aufsetzen.

Noch beim Aufbruch werden sie mit explosiver Kraft eine halb feste, halb flüssige Masse herunterstrudeln, die aus einer in Marsala-Wein eingeweichten Kugel Parmesankäse besteht.

Rezept des futuristischen Luftpoeten
MARINETTI

SOMMERESSEN FÜR MALEREI UND BILDHAUEREI

Nach einer langen Ruhezeit würde ein Maler oder Bildhauer, der seine schöpferische Tätigkeit im Sommer um 3 Uhr nachmittags wiederaufzunehmen wünscht, vergebens versuchen, die eigene Inspiration durch ein traditionell üppiges Essen anzuregen.

Von jenem beschwert, müßte er Verdauungsspaziergänge unternehmen und würde bei zerebraler Unruhe und Pessimismus enden, um den Tag mit künstlerischem Herumschlendern zu verbringen, ohne doch Kunst zu schaffen.

Man serviere ihm statt dessen ein Essen aus reinen gastronomischen Bestandteilen: eine Suppenschüssel voll schöner Tomatensoße, eine große gelbe Polenta, einen Haufen grünen Salat, nicht angerichtet und ohne Teller, ein Schälchen Olivenöl, ein Schälchen mit kräftigem Essig, ein Schälchen Honig, ein großes Bund roter Radieschen, einen Haufen weißer Rosen mit entsprechenden Dornenstielen.

So wird er ohne Besteck und im fortgesetzten Ungehorsam gegen die nervenanspannenden Gewohnheiten den Hunger stillen, während er das Bild des »Fußballspielers« von Umberto Boccioni betrachtet.

Rezept des futuristischen Luftpoeten
MARINETTI

FRÜHLINGSESSEN DER BEFREITEN WORTE

Das Durchqueren eines Frühlingsgartens unter den süßen Feuern einer Morgenröte voll kindlicher Schüchternheit hat drei jungen Leuten in weißer Wollkleidung und ohne Jacke eine halb literarische, halb erotische Sehnsucht eingeflößt, die sich mit einem normalen Frühstück nicht zufriedengeben kann.

Daher setzen sie sich im Freien unter einem Laubengang, der die warmen Finger der Sonne durchläßt, zu Tisch.

Nicht warm, sondern lauwarm sei nun schnell ein synoptisch-syngeschmackliches Gericht serviert aus Pfefferschoten, Knoblauch, Rosenblättern, doppeltkohlensaurem Natron, geschälten Bananen und Lebertran, alles nebeneinander.

Werden sie alles essen? Werden sie manches davon kosten? Werden sie intuitiv die phantastischen Beziehungen erfassen, ohne überhaupt davon zu kosten? Nach Belieben!

Sie werden dann pflichtschuldig einen Napf traditionelle Brühe mit fleischgefüllten Teigtaschen essen. Das wird bewirken, daß ihr Gaumen plötzlich den Höhenflug beschleunigt, um in dem synoptisch-syngeschmacklichen Gericht eine unentbehrliche neue Harmonie zu suchen.

Sie werden schnell eine ungewöhnliche metaphorische Beziehung zwischen den Pfefferschoten (dem Symbol ländlicher Kraft) und dem Lebertran (dem Symbol wilder Nordmeere und dem notwendigen Heilmittel für kranke Lungen) herstellen. Nun mögen sie probieren, die Pfefferschoten in den Lebertran einzutauchen. Die Finger der drei Tischgenossen, die sich damit zerstreuen, dergestalt Poesie und Prosa zu paaren, werden inzwischen jede Knoblauchzehe sorgfältig in Rosenblätter einhüllen. Das zur Verfügung stehende Natriumbikarbonat wird das Verbum im Infinitiv aller Ernährungs- und Verdauungsprobleme darstellen.

Aber Langeweile und Eintönigkeit könnten dann dazu geführt haben, daß die Gaumen den Knoblauch mit Rosen gekostet hätten. Da mag die zwanzigjährige grobe und fette Bäuerin kommen und ein großes Gefäß voll Erdbeeren, die in gut gezuckertem Rotwein schwimmen, in den Armen halten. Die jungen Leute fordern sie mit hohen befreiten Worten, bar jeder Logik und direkter Ausdruck der Nerven, auf, so schnell wie möglich zu servieren. Unmittelbar vor ihnen wird die Bäuerin auftischen. Endlich bemühen sie sich zu essen, zu schlürfen, zu trinken, sich zu reinigen; dabei streiten sie sich am Tisch mit erleuchtenden Adjektiven, Verben in Doppelpunkten, abstrakten Geräuschlehren und tierischem Geheul, das alle Tiere des Frühlings zum Wiederkäuen, Schnarchen, Murmeln, Pfeifen, Schreien und Lallen verführen wird.

Rezept des futuristischen Luftpoeten
MARINETTI

MUSIKALISCHES HERBSTESSEN

In einer Jagdhütte, die halbversteckt in einem grünblauvergoldeten Wald liegt, setzen sich zwei Paare an einen roh aus Eichenbrettern gefügten Tisch.

Die rasche blutrote Dämmerung liegt unter den enormen Bäuchen der Finsternis wie unter regnerischen und fast flüssigen Walfischen im Sterben.

Beim Warten auf die Bäuerin und Köchin wird als einzige Nahrung an dem noch leeren Tisch der Pfiff vorbeigehen, den der Wind in das Türschloß zur Linken der Esser einfädelt.

Mit diesem Pfiff wird sich die lange, doch scharfe Klage eines Geigentons duellieren, der aus der Kammer zur Rechten von dem genesenden Sohn der Bäuerin hergezogen kommt.

Dann eine Minute Schweigen. Dann zwei Minuten Erbsen in Öl und Essig. Dann sieben Kapern. Dann fünfundzwanzig Kirschen in Spiritus. Dann zwölf Bratkartoffeln. Dann eine Viertelstunde Schweigen, währenddessen die Münder fortfahren, das Leere zu kauen. Dann ein Schluck Barolo-Wein, der vorher eine Minute im Mund bleibt. Dann eine gebratene Wachtel für jeden Gast, aber nur zum Ansehen und intensiven Beriechen, nicht zum Essen. Dann viermal ein langer Händedruck für die Bäuerin und Köchin, und alle ab in das Dunkel, den Wind und den Regen des Waldes.

Rezept des futuristischen Luftpoeten
MARINETTI

LIEBESNACHTMAHL

Terrasse in Capri. August. Der senkrechte Mond schüttet reichlich geronnene Milch auf das Tischtuch. Die braune Köchin aus Capri, wohlversehen mit Brüsten und Hinterbacken, tritt ein, bringt auf einem Tablett einen ungeheuren Schinken und sagt zu den beiden Liebenden, die, auf Liegestühlen ausgestreckt, sich nicht im klaren sind, ob sie die Mühen des Bettes wieder aufnehmen oder mit denen der Tafel beginnen sollen:

– »Es ist ein Schinken, der etwa hundert verschiedene Sorten Schweinefleisch enthält. Um ihn jedoch milder zu machen und ihm die ursprüngliche Herbheit und Giftigkeit zu nehmen, habe ich ihn eine Woche lang in Milch eingelegt. Richtige Milch, nicht die illusorische des Mondes. Eßt reichlich davon.«

Die beiden Liebenden fressen die Hälfte des Schinkens. Es folgen die großen Austern, jede mit elf Tropfen Moscato aus Syrakus in ihrem Meerwasser.

Dann ein Glas Asti Spumante. Dann der *Kriegimbett* (ein anregender Cocktail). Das verzauberte Bett, weit und schon voll Mondschein, kommt ihnen aus dem Hintergrund des offenen Zimmers entgegen. Sie werden daher das Bett besteigen und dabei das kleine Glas behalten, aus dem sie den *Kriegimbett* nippen, der aus Ananassaft, Ei, Kakao, Kaviar, Mandelteig, einer Prise rotem Pfeffer, einer Prise Muskatnuß und einer Gewürznelke besteht: alles in Strega-Likör aufgelöst.

Rezept des futuristischen Luftpoeten
MARINETTI

TOURISTENMENÜ

(realisiert für die futuristische Wanderausstellung Paris-London-Brüssel-Berlin-Sofia-Istanbul-Athen-Mailand)

Speisenfolge:

1. Salzwiese mit feinen Erbsen, garniert mit Safran-Risotto

2. Roastbeef mit Lakumien und Hallaua

3. Würste in Bier schwimmend, mit kristallisierten Pistazien bestäubt

4. Erdbeerlimonade, die nach Pfannkuchen in Öl getrunken wird

5. Abwechselnd Honigbrunnen und Brunnen von Wein der römischen Schlösser auf einer quadratischen Ebene aus Kartoffelbrei

6. Fische, die süßen Toskanerwein ins Herz geschlossen haben und auf einem Meer von Cognac schwimmen

7. Marinierter Aal mit Gemüsesuppe nach Mailänder Art, Eis und Datteln, deren Höhlung mit Anchovis gefüllt ist.

Rezept des futuristischen Luftpoeten
MARINETTI

OFFIZIELLES ESSEN

Das futuristische offizielle Essen vermeidet die schweren Fehler, die alle offiziellen Bankette verderben:

ERSTENS: das verlegene Schweigen, das daher rührt, daß vorher unter den Tischnachbarn nicht die geringste Harmonie hergestellt wurde.

ZWEITENS: die Zurückhaltung der Gespräche, die der diplomatischen Etikette geschuldet wird.

DRITTENS: die Maulhängerei, die von den unlösbaren Weltproblemen erzeugt wird.

VIERTENS: den Haß der Grenzen.

FÜNFTENS: den gemeinen, blassen, traurigen, abgedroschenen Ton der Speisen.

Beim futuristischen offiziellen Essen, das sich in einem geräumigen, mit enormen Paneelen von Fortunato Depero geschmückten Saal entwickeln muß, ergreift nach rascher Verteilung von »Polygetränken« (Cocktails) und »Zwischenbeiden« (Sandwichs), ohne aufzustehen, der Kinnladenverrenker das Wort, der eingeladen wurde, ohne irgendeinem diplomatischen Corps oder einer Partei anzugehören, sondern der unter den intelligentesten und jüngsten Parasiten der Aristokratie ausgewählt wurde und für seine umfassende Kenntnis aller obszönen Witze bekannt ist.

Der Kinnladenverrenker, indem er sich auf den mehr oder weniger hohen Grad der zu bekämpfenden Maulhängerei einstellt, wird schnell mit gedämpfter Stimme drei besonders obszöne Witze erzählen, ohne sich jedoch der Plumpheit hinzugeben. Nachdem das Trommelfeuer des Gelächters der Tischgäste von dem einen Ende der Tafel zum andern übergegriffen hat, wird ein Kasernenessen aus Sagogrieß und

Milch in einer klösterlichen Suppenschüssel serviert, um jede Diplomatie und jede Zurückhaltung lächerlich zu machen und zu vertreiben. Es folgen:

1) *Die Menschenfresser schreiben sich in Genf ein:* ein Gericht aus verschiedenen Sorten von rohem Fleisch, das nach Belieben zerschnitten und zurechtgemacht wird, wobei man die Stücke in die kleinen bereitstehenden Näpfchen mit Öl, Essig, Honig, rotem Pfeffer, Ingwer, Zucker, Butter, Safran-Risotto, altem Barolo-Wein eintaucht.

2) *Der Völkerbund:* kleine schwarze Salami und Schokoladenriegel, die in einer Creme aus Milch, Ei und Vanille schwimmen. (Diese Speise wird gekostet, während ein zwölfjähriger Negerknabe, der vorher unter den Tisch geschickt wurde, die Beine der Damen kitzelt und in ihre Hinterbacken kneift.)

3) *Der gewohnte Vertrag:* ein vielfarbiges Schloß aus Nougat mit ganz kleinen Sprengbomben im Inneren, die zur rechten Zeit explodieren und den Saal mit dem typischen Geruch von Schlachten erfüllen.

Beim Dessert wird der Direktor des offiziellen Essens eintreten und mit vielen zeremoniellen Entschuldigungen darum bitten, man möge doch die angekündigte Zeit abwarten, die sich leider infolge von ständigen Hindernissen, schweren Automobilunfällen und Zugentgleisungen verzögert habe, um einer am Äquator geernteten Paradiesfrucht sowie dem Eis entgegenzusehen, das unglücklicherweise so lange aufgebaut wurde, bis es gerade eben in der Küche eingestürzt sei.

Die Kommentare, die Ironie und der Spott, mit denen die Entschuldigungen des Direktors aufgenommen werden, dürften kaum den Ton abschwächen, mit dem er selbst, der Direktor, noch auf der Schwelle seine Entschuldigungen wiederholen wird. Und das tunlichst eine halbe Stunde lang.

Dann wird anstelle der Wunderfrucht der übliche Betrunkene kommen, den man in derselben Nacht in der Unterwelt aufgefischt hat und der mit Gewalt in den Saal des offiziellen Banketts gebracht wird.

Logischerweise wird er noch mehr zu trinken verlangen. Man spendiert ihm eine Auswahl der nach Qualität und Quantität besten italienischen Weine, jedoch unter einer Bedingung: daß er zwei Stunden lang über die möglichen Lösungen des Abrüstungsproblems, die Revision der Verträge und die Finanzkrise spricht.

Rezept des futuristischen Luftpoeten
MARINETTI

HOCHZEITSESSEN

Die üblichen Hochzeitsessen lassen unter dem Anschein ihrer prahlerischen Festlichkeit tausend Besorgnisse aufkommen: ob unter dem Gesichtspunkt des Intellekts, des Fleisches, der Nachkommenschaft, der Karriere und der Ökonomie die Begattung glücklich sein wird oder nicht.

Alle bringen Glückwünsche an, wie man Raketen losläßt – mit ängstlicher Finger- und Zungenspitze.

Die Schwiegermutter fächelt sich fieberhaft Komplimente, Ratschläge, mitleidige Augenaufschläge und Blicke voll falscher Freude zu. Die Jungfrau ist schon in den Armen der Engel. Der wohlfrisierte Bräutigam liegt in Öl. Die Vettern in Essig. Die Freundinnen der Braut alle Bürsten, Kämme und Stecknadeln vor Neid.

Die lieben Kleinen stopfen sich voll Bonbons und stürzen sich auf die Orangenblüten des Brautkleids.

Niemand kann die Speisen essen oder kosten, weil, nachdem alle aus dem Gleichgewicht geraten sind, es sie anwidert, damit Gaumen und Magen zu stabilisieren.

Beim Essen soll nämlich eine Ausgeglichenheit herrschen, die der Ausgeglichenheit des Gemütszustands entspricht.

Eine Schüssel mit großartiger, allseits bekannter und beliebter Suppe (Reis, Geflügelleber und Bohnen in Wachtelbrühe) mag nun vom Koch selbst gebracht werden, der sie auf drei Fingern balanciert und dabei auf dem linken Bein springt. Wird er es schaffen oder nicht? Vielleicht wird er stolpern, und die Flecken auf dem Brautkleid können die freche und aufdringliche Unschuld zweckmäßigerweise korrigieren.

Mit Hilfe aller mag man zur Reinigung schreiten. Der

Bräutigam kann ruhig bleiben: er wird es sein, der einen Augenblick hinausgeht und mit einem Tablett voll Risotto auf Mailänder Art mit Safran und reichlich Trüffeln von sündiger Farbe zurückkommt, das er auf dem Kopf balanciert. Wenn auch dieses Gericht umkippt und das Brautkleid gelb wie eine afrikanische Düne färbt, wird genug Zeit gewonnen sein für eine ganz kurze, unvorhergesehene Reise.

Es werden dann getrüffelte Pilze serviert, pompös angepriesen von dem üblichen spintisierenden Jäger:

– »die habe ich alle selber gesammelt, zwischen einem Rebhuhn und einem Hasen in den Wäldern bei Pistoia, vom Regen durchnäßt. Es sind Pilze aller Art, mit Ausnahme der giftigen... Außer wenn meine Kurzsichtigkeit mir einen üblen Streich gespielt haben sollte. Jedenfalls sind sie so gut gekocht, daß ich euch rate, kühn mit den Zähnen dreinzuschlagen. Ich selbst zögere nicht, auch wenn ich fürchte, daß einige davon absolut tödlich sind.«

Natürlich bricht ein heldenhafter Wettstreit aus.

– »Sie sind sehr gut« – sagt die Braut.

– »Du hast keine Angst, Liebste?«

– »Weniger davor, als daß du mich wahrscheinlich betrügen wirst, du Schuft!«

Dann, und zwar ziemlich schnell, fängt der bei allen Hochzeitsessen übliche Stutzer zu heulen an, wobei er sich den Bauch hält. Tut er nur so, als ob er leiden müßte, oder wird er wirklich von Schmerzen gepeinigt, deren geheimnisvoller Ursprung fern oder nah ist?

Es bedeutet wenig. Alle lachen. Viele verschlingen die Pilze. Der wütend eintretende Koch bietet seinen Rücktritt an, weil er tödlich beleidigt ist, und zwar durch die Verdächtigungen und nicht etwa wegen der Pilze, die erwiesenermaßen völlllllllig unschulllllllldig sind.

Es folgt ein Magenbitter für alle. Aber unter der ständigen Redseligkeit des Jägers werden in Gewürzwein gekochte Hasen und Rebhühner serviert. Er selbst hat dieses Gericht in der Küche zubereitet, und zwar mit dem Matsch aus anderen Rebhühnern, die naß, aufgeweicht und fast verfault in Rum liegen. Jägerspeise.

Betäubt von den Worten, berauscht vom süßesten Duft der süßen Kloake, essen die Gäste reichlich davon und spülen es mit Barbera- und Barolo-Wein hinunter.

Wieder fängt der Jäger an:

– »Von all diesen Rebhühnern hat mich das größte, das da, eine Verfolgungsjagd von zehn Kilometern gekostet. Von einer Talsenke zur anderen mußte ich bis zum Fluß hinunter- und wieder hinaufsteigen. Ich erkannte es jedesmal an den schönen rötlichen Federn wieder. Jetzt ist es endlich ruhig, das heißt es scheint zu leben, vielleicht bewegt es sich noch.«

– »Bei der Wanderlust der Würmer, es bewegt sich« – fügt der Stutzer hinzu.

Ein langer Frost bei den Tischgenossen, der andererseits das gewohnte, aber hier unpassende Eis ersetzt, unpassend für die Mägen, die nun so sehr durch die Ausgewogenheit von Glückseligkeit, erschreckenden Pilzen und dynamischen Rebhühnern erwärmt sind.

Rezept des futuristischen Luftpoeten
MARINETTI

SPARSAMES ESSEN

1) *Das absolut Wilde:* Äpfel im Ofen gebacken und dann mit Bohnen gefüllt, die in einem Meer von Milch gekocht sind.

2) *Tragisches Ereignis auf dem Lande:* Auberginen, in Tomatensoße gekocht, dann mit Anchovis gefüllt und auf einem Bett serviert, das zur Hälfte aus Spinatbrei und zur Hälfte aus Linsenpüree besteht.

3) *Städtische Pfefferschote:* große rote Pfefferschoten, die alle Apfelmus enthalten, das von gezuckerten Salatblättern eingehüllt ist.

4) *Vom Sonnenuntergang überschwemmter Wald:* in Wein gekochte Endivien, mit gekochten und gezuckerten Bohnen bestreut.

Dieses Essen wird genossen, während ein geschickter Rezitator die humoristischen Gedichte des Nationalen Rekord-Poeten Farfa explodieren läßt, wobei er die typische Stimme kurzsichtiger Auspuffrohre nachahmt.

Rezept des futuristischen Luftdichters
MARINETTI

JUNGGESELLENESSEN

Die futuristische Küche nimmt sich vor, die Fehler zu vermeiden, die das Junggessellenessen charakterisieren:

1) Die unmenschliche Einsamkeit, die als Verhängnis einen Teil der Lebenskräfte des Magens aussaugt.

2) Das lastende Schweigen grüblerischen Nachdenkens, das die Speisen verpestet und mit Blei beschwert.

3) Das Fehlen lebendigen und gegenwärtigen menschlichen Fleisches, das unentbehrlich ist, um den Gaumen des Menschen im Grenzbereich des tierischen Fleisches zu halten.

4) Die unvermeidliche Beschleunigung im Rhythmus der Kinnladen, die vor der Langeweile fliehen.

In einem mit Luftbildern und Luftskulpturen der Futuristen Tato, Benedetta, Dottori und Mino Rosso geschmückten Saal werden auf einem Tisch, dessen vier Beine aus Ziehharmonikas bestehen, auf klingenden Tellern, die am Rand mit Glöckchen besetzt sind, Porträt-Speisen vorgestellt:

1) *Blonde Porträt-Speise:* ein gutes Stück Kalbsbraten, darin eingegraben zwei lange Pupillen aus Knoblauch in einem Gewirr aus geraspeltem und gekochtem Kohl und grünen Salatblättchen. Ohrgehänge aus roten, mit Honig beschmierten Radieschen.

2) *Porträt-Speise des braunen Freundes:* aus Mürbeteig wohlgeformte Backen – Schnurrbart und Haare aus Schokolade – große Augäpfel aus Schlagsahne – Pupillen aus Lakritze. Ein gespaltener Granatapfel als Mund. Wohlversehen mit einer Krawatte aus Kaldaunen in Brühe.

3) *Porträt-Speise der nackten Schönen:* in einem kleinen Kristallgefäß, mit Milch frisch von der Kuh gefüllt, zwei ge-

kochte Kapaunenschenkel, das Ganze mit Veilchenblättern bestreut.

4) *Porträt-Speise der Feinde:* sieben Nougatwürfel aus Cremona, auf jedem ein kleiner Essigbrunnen, an einer Wand eine große Glocke aufgehängt.

Rezept des futuristischen Luftpoeten
MARINETTI

EXTREMISTENMAHL

Für dieses Mahl, bei dem sie nicht essen, sondern sich nur an Düften sättigen werden, sollen die Gäste zwei Tage lang gefastet haben. Ausgerichtet wird es in einer eigens von Prampolini (nach dem Entwurf von Marinetti) erbauten Villa auf einer Landzunge, die den schwerfälligen, faulen, einsamen, verwesten, lagunenhaftesten aller Seen vom weitesten Meer der Meere abtrennt.

Die Fenster-Türen, die die Gäste mit einem leichten Druck auf eine Tastatur elektrisch öffnen können, gehen, auf Gleisen schwingend, in folgende Richtungen: die erste auf die Masse der Gerüche vom See, die zweite auf die Masse der Gerüche einer Kornkammer mit dazugehörigem Obstspeicher, die dritte auf die Masse der Gerüche vom Meer mit dazugehörigem Fischmarkt, die vierte auf das warme Treibhaus mit dazugehörigem Reigen seltener, duftender Pflanzen.

Augustabend. Höchste Intensität der Düfte in der Landschaft ringsumher, die von versperrten Fenstern wie von Kanalschleusen ferngehalten werden.

Die elf Gäste (5 Frauen, 5 Männer und ein Neutrum) haben alle einen kleinen Handventilator, mit dem sie den genossenen Geruch nach Belieben in die Ecke blasen lassen können, die mit einem starken Sauggerät versehen ist. Vor Beginn des Mahles deklamieren die Gäste »Das Loblied auf den Herbst« des futuristischen Dichters Settimelli und das »Interview mit einem Bock« des futuristischen Dichters Mario Carli.

Längsseits eines Tisches in Form eines Parallelepipedons kommen, wie Automobile gleitend, verschwindend und wieder auftauchend, hervor:

1) ein plastischer Komplex mit Parfümzerstäuber, nach Form und Geruch wie eine Burg aus Risotto nach Mailänder Art, untergegangen in einem Meer von Spinat mit Schaumkronen aus Creme;

2) ein plastischer Komplex mit Parfümzerstäuber, nach Form und Geruch wie ein Schiff aus gebratenen Auberginen, die mit Vanille, Akazien und rotem Pfeffer bestreut sind;

3) ein plastischer Komplex mit Parfümzerstäuber, nach Form und Geruch wie ein See aus Schokolade, aus dem eine große Insel mit Dattelmarmelade gefüllter Pfefferschoten herausgedrückt wird.

Die drei duftzerstäubenden plastischen Komplexe stehen sofort still, wenn drei Küchenjungen in den Saal einbrechen, die, mit weißer Seide und hohen, leuchtend weißen Mützen bekleidet, ein Geheul anstimmen:

– »Ihr seid die Herrschaften, aber auch Lumpen. Entschließt ihr euch nun oder nicht, die Speisen zu essen, die wir als große Künstler mit äußerster Raffinesse für euch zubereitet haben? Hört auf, schiefe Grimassen zu schneiden, oder wir verpassen euch Fußtritte.«

Das Neutrum zittert wie ein hoffnungsvoller Seismograph. Weg.

Fünf Minuten tosendes Glockengeläute.

Eine schweigende Pause, dem aufdringlichen polyphonen Geschwätz und dem Quakkonzert der Frösche vom See gewidmet, die die langsame Öffnung der Fenster-Tür begleiten, die von den Gerüchen fauler Kräuter, alter verdorrter Binsen mit dem Geäder von Ammoniak und der Erinnerung an Karbolsäure aufgedrückt werden. Alle Gäste richten die Handventilatoren wie Schilde gegen die Fenster-Tür zum See.

Da wird die Fenster-Tür zum Obstspeicher aufgerissen

und vier Gerüche (der erste nach Äpfeln, der zweite nach Ananas, der dritte nach Muskattrauben und der vierte nach Johannisbrotbäumen) dringen in den geruchlos gewordenen Saal ein. Dem eingeladenen Neutrum entflieht ein Gewieher, aber plötzlich bricht durch die andere Fenster-Tür mit hundert Zuckungen und Aalwindungen das Meer mit seinen Salzgerüchen herein; mit Visionen von ungeheuren schäumenden Golfen und ruhigen Reeden, die grün und frisch in der Morgendämmerung ruhen.

Das eingeladene Neutrum winselt:

– »Wenigstens zwölf Austern und drei Schluck Marsala-Wein.«

Aber die Phrase wird zugleich mit dem Meer und seinem silbrigen Fischmarkt von übermächtigen Rosendüften ausgelöscht, die derart kurvenreich und fleischig sind, daß die elf Münder, die bis dahin nachdenklich und erstaunt geblieben sind, fieberhaft beginnen, Luft zu kauen.

Das Neutrum flennt:

– »Um Gotteswillen, schöne Köche, bringt uns irgendwas zum Kauen, sonst werden die häßlichen Münder der männlichen Wesen die Zähne in das fade Fleisch unserer fünf Freundinnen schlagen.«

Kurzes Entsetzen. Schreck. Die Köche lugen hervor und verschwinden. Die Handventilatoren löschen alles aus. Herein kommt ein sauer-süß-faulig-zartester Duft von zivilisierten Schwertlilien vom Treibhaus, der demselben, aber wilden, vom See gekommenen Duft begegnet. Die beiden Düfte von Leben, Fleisch, Wollust, Tod gelangen zur Synthese und befriedigen daher alle elf hungrigen Gaumen.

Rezept des futuristischen Luftpoeten
MARINETTI

DYNAMISCHES ESSEN

In dem Roman »Der Alkoven aus Stahl« beschreibt F. T. Marinetti seine Sehnsucht, der unvermeidlichen Versumpfung der Sensibilität während des Essens zu entgehen:

Am Abend des ersten Juni 1918 aß und trank man fröhlich in der Bomberbrigadebaracke, die herausfordernd schief auf einem Bergkamm von Val d'Astico aufgeschlagen war. Die langen, langen Gabeln des Sonnenuntergangs kreuzten sich mit den unseren, die blutrote und dampfende Spaghetti aufwickelten. Etwa zwanzig Offiziere, Oberleutnants, Hauptleute, der Oberst Squilloni heiter und aufgeblasen am Ehrenplatz der Tafel. Bombenhunger nach einem Tag schwerer Arbeit. Religiöses Schweigen der Münder, die üppige Gebete kauen. Köpfe über die Teller gebeugt. Aber die Jüngsten lieben keine Pausen und wollen lachen, handeln. Sie kennen meine fruchtbare Spötterphantasie und fordern mich mit Blicken heraus. Es herrscht zuviel Schweigen am Tisch, und der gute Doktor ist zu ernsthaft in den Ritus der Pasta asciutta vertieft. Mit vier Bissen beruhige ich meinen Magen; dann stehe ich auf, schwenke eine Gabel voll Spaghetti und sage mit lauter Stimme:

– Um unsere Sensibilität nicht versumpfen zu lassen, rückt alles zwei Plätze nach rechts, marsch!

Indem ich Teller, Gläser, Brot und Messer wie es eben geht, zusammenraffe, schiebe ich meinen Kameraden brutal nach rechts, der ungern zurückweicht, wobei auch er alles nach rechts weiterschiebt. Die Jungen führen die Übung bereitwillig aus, aber der Doktor schnaubt, brummt, schreit. Sie spielen Gewichtheben mit ihm. Der Makkaroniteller ergießt sich auf seine Jacke. Gläser fallen um. Überschwemmung mit Wein. Gelächter, Geheul, Geschnatter. Alle stoßen den Doktor, pressen ihn wie eine Weintraube. Aufspritzen seine Schreie. Ich beherrsche den Aufruhr und befehle:

– Verschiebung gelungen! Alles hinsetzen! Aber wehe, wehe über denjenigen, der die eigene Sensibilität noch immer versumpfen läßt!... Und du, lieber Doktor, vergiß nicht, daß die höchste und kostbarste Tugend die Elastizität ist. Wie könntest du ohne Elastizität eine Beule, ein Hühnerauge, eine Syphilis, eine Ohrenentzündung oder die Gehirnerweichung gewisser Vorgesetzter behandeln? Mit Elastizität haben wir den Karst hinter Caporetto aufgegeben, haben gelacht, während das Herz beim Rückzug blutete. Wie könnten wir ohne Elastizität den österreichisch-ungarischen Passatismus überwinden und ganz Italien nach dem Sieg erneuern? Ich befehle dir, lieber Doktor, deine passatistische Bauchhörigkeit für futuristische Elastizität aufzugeben!

Alle lachen. Der Doktor sieht mich entsetzt an. Ich drohe ihm scherzhaft und befehle:

– Um unsere Sensibilität nicht versumpfen zu lassen: nehmt Teller und Gläser in die Hand! Allgemeiner Umzug um den Tisch!

Das Getöse wird höllisch. Schreie, heftige Stöße, »Aufhören!«, »Schluß damit!«, Faustschläge, Purzelbäume, »Verdammt!«, Wirbel, Schlingern und Stampfen. Aber die Jungen sind zäh und formieren das Gedränge gewaltsam zu einem tumultuarischen Umzug um den Tisch. Dem Oberst gefällt das sonderbare Spiel sehr. Nur der Doktor amüsiert sich nicht. Wo ist der Doktor? Alle suchen ihn. Er ist mit seinem Teller voll Pasta asciutta auf die Terrasse geflohen. Raus, raus im Sturmangriff! Und man beendet das Essen chaotisch durcheinandergewürfelt, mit brodelndem Riesengelächter in dem rotblonden Gelächter des Sonnenuntergangs voll weißglühender Wolken, mit Flaschen schäumenden Goldes, violett aufgehäuften Zirruswolken aus Porzellan, im Finale eines leuchtenden Luftbanketts, das sich senkrecht auf die verdämmernde Ebene von Venetien ergießt.

Um den Doktor herum singen meine Freunde die Hymne auf den futuristischen Spaß:

>Irò irò irò pic pic
>Irò irò irò pac pac
>Maa – gaa – laa
>Maa – gaa – laa
>RANRAN ZAAAF

So töteten sie die Nostalgie.

Dynamischerweise schlagen wir daher die folgenden Speisen vor:

1) *Der Sturmschritt:* aus Reis, Rum und rotem Pfeffer zusammengesetzt.

2) *Quartschlag:* 200 Fäden Zuckerwatte, zu einem Knäuel zusammengerollt, in Ananasscheiben eingehüllt und mit Asti Spumante begossen.

3) *Automobilzusammenstoß:* eine Halbkugel aus gepreßtem Anchovis, mit einer Halbkugel aus Dattelbrei verbunden, das Ganze in einer allerfeinsten großen, in Marsala-Wein eingeweichten Schinkenscheibe zusammengerollt.

4) *Verlust eines Rades:* vier gebratene Drosseln mit viel Wacholder und Salbei, die eine ohne Kopf, umwickelt und zusammengeballt mit einer Scheibe Polenta, die mit italienischem Eau de Cologne besprizt ist.

5) *Handgranaten:* eine Kugel von Nougat aus Cremona, mit einem großen halbrohen Beefsteak umwickelt und mit Muskat-Wein aus Syrakus besprengt.

Die sportlich gekleideten Gäste mit aufgekrempelten Ärmeln werden vor der Tür einer Turnhalle aufgehalten, wo die erwähnten Speisen auf dem Boden zu kleinen Pyramiden angeordnet sind.

Beim Aufsperren der Tür stürzen alle wütend im Sturmangriff hinein, mit offenen Mündern und raubgierigen Händen. Besser essen werden diejenigen, denen es gelingt, die Streitenden mit Fußtritten fernzuhalten, mit kauenden Mündern und raffenden Händen. Am geschicktesten jedoch wird jener sein, der sich von dem großen Bild »Der Fußballspieler« von Umberto Boccioni inspirieren läßt und dem es gelingt, etwa zwanzig eßbare Kugeln zu erobern, aus dem Fenster zu klettern und über die Terrasse ins Land zu fliehen. Verfolgungsjagd der Münder, Zähne, Hände. Das Finale der gastronomischen Schlacht mit offenem Mund. Die Kämpfer stecken die Schläge nicht ein: sie schlucken sie hinunter.

Rezept des futuristischen Luftpoeten
MARINETTI
und des futuristischen Luftmalers
FILLIA

ARCHITEKTONISCHES ESSEN SANT'ELIA

Zu Ehren des nationalen Rekord-Poeten von 1931, Farfa (des Siegers im Dichterwettbewerb »Sant'Elia«), werden auf architektonische Weise, das heißt mit einem Raumgefühl, das den Ruhmgekrönten von den Lobpreisenden 600 Kilometer entfernt hält, jedoch mit telefonischer Verbindung, die futuristischen Dichter Escomadè, Sanzin, Gerbino, Vittorio Orazi, Krimer, Maino, Pandolfo, Giacomo Giardina, Civello, Bellonzi, Burrasca, Rognoni, Vasari und Soggetti; die Maler Dormal, Voltolina und Degiorgio von der Gruppe aus Padua und die Maler Alf Gaudenzi und Verzetti von der Futuristen- und Avantgardistengruppe »Synthese« sich bei der Leitung der Futuristischen Bewegung in Rom versammeln, abwechselnd aufstehen und essen, mit Kinderhänden, eine in der andern in Form von Türmen, Wolkenkratzern, Panzerkreuzerbatterien, Flugplatzstartbahnen, Aussichtspunkten, Sportstadien, Molen von Kriegshäfen, übereinandergebauten Rennbahnen:

Dreihundert Würfel (3 cm hoch) aus Mürbeteig. Acht Parallelepipedons (10 cm hoch) aus komprimiertem Spinat mit Butter. Zehn Zylinder (30 cm hoch) von Nougat aus Cremona. Sechs Kugeln (Durchmesser 15 cm) aus Risotto nach Mailänder Art. Fünf Pyramiden (40 cm hoch) aus kalter Gemüsesuppe. Zwanzig Röhren (1 Meter hoch) aus Dattelpaste. Fünf ovale Blöcke (20 cm hoch) aus Bananenpaste. Sieben Schirme (60 cm hoch) aus Kabeljau mit Milch.

Die Futuristen werden, um das futuristische Haus besser zu erbauen, es mit den Zähnen vervollkommnen, wobei alle auf nicht eßbaren Trommeln (jede 15–60–100 und 300 cm hoch) aus komprimierter Pasta asciutta sitzen.

Rezept des futuristischen Luftpoeten
MARINETTI
und des futuristischen Luftmalers
FILLIA

LUFTMALERESSEN IM PILOTENSITZ

In der geräumigen Pilotenkanzel des großen Autounternehmens De Bernardi, zwischen den Luftbildern der Futuristen Marasco, Tato, Benedetta, Oriani und Munari, die zu den Luftgipfeln und den tausend Metern am Horizont fliegenden Wolken in Beziehung stehen, nehmen die Tischgenossen 5 Langusten aus den unversehrten Schalen und kochen sie elektrisch in Meerwasser. Sie füllen sie mit einem Brei aus Eigelb, Karotten, Thymian, Knoblauch, Zitronenschalen, Ei und Leber der Langusten, Kapern. Sie bestreuen sie mit Currypulver und setzen sie wieder in ihre Schalen, die hier und da mit Blau von Mytilene gefärbt sind.

Sonderbarerweise werden die 5 Langusten dann ungeordnet und weit entfernt auf einer großen Luftkeramik von Tullio d'Albisola postiert, der zwanzig verschiedene Salatsorten als Matratze unterlegt sind: diese geometrisch und schachbrettartig angeordnet.

Die Tischgenossen, indem sie Glockentürmchen aus Keramik voll Barolo-Wein, mit Asti Spumante gemischt, zur Hand nehmen, werden auf diese Weise geschwind geraubte Dörfer, Gutshöfe und Ebenen essen.

Rezept des futuristischen Luftpoeten
MARINETTI
und des futuristischen Luftmalers
FILLIA

LUFTBILDHAUERESSEN IM PILOTENSITZ

In der großen Pilotenkanzel eines dreimotorigen Flugzeugs, zwischen den Luftskulpturen aus Metall, die die Futuristen Mino Rosso und Thayaht angebracht haben, werden die Gäste einen Teig aus Kartoffelstärke, kleinen Zwiebeln, Ei, Krebsfleisch, Seezungenstücken, Tomate und Langustenfleisch, Torte und geriebenem Zwieback, Vanille- und Puderzucker, kandierten Früchten und Schweizer Käse zubereiten, der reichlich mit Vino Santo aus der Toscana begossen wird.

Sie füllen damit elf Backformen (mit Butter bestrichen und mit Mehl bestreut), jede in einer typischen Form als Gebirge, Schlucht, Vorgebirge oder große Insel. Dann werden sie alle elektrisch gebacken.

Nachdem die 11 Pasteten aus den Formen herausgenommen worden sind, werden sie auf einem großen Tablett im Mittelpunkt der Pilotenkabine serviert, während die Tischgenossen einander Haufen von sahnig geschlagenem Eiweiß zuwerfen und es verschlingen, wie es der Wind draußen mit den weißen Zirrus- und Kumuluswolken macht.

Rezept des futuristischen Luftpoeten
MARINETTI
und des futuristischen Luftmalers
FILLIA

FUTURISTISCHES LUFTDICHTERESSEN

In der Pilotenkabine eines dreimotorigen Flugzeugs, das in 3000 Meter Höhe einen zweigeteilten Himmel durchfliegt: da der zimperliche Schein des perlmuttgrünlichen Halbmonds und dort eine Wolkenhalbkugel, blitzend von langen Goldskorpionen.

Senkrecht darunter ein Fluß aus ganz festem Silber, der den Arm seiner rasenden Aale in ein Meer von Pech ergießt, das mit mondigem Nickel beschlagen ist.

Das kleine Fenster zur Rechten: leichtes Scheibengeklirr wie Finken und Glöckchen. Darauf antwortet heftig der Geschmack eines Honigkügelchens im Mund. Die Augen fliehen nach links, um durch das andere Fensterchen die weiße Anismarmelade einzusaugen, die aus einer Wolke trieft. Vor den Gästen, sie sind zu dritt, zeigt der runde Höhenmesser an: 3000 Meter gegessen. Neben ihm der Tourenzähler, sein Tischgenosse, zeigt an: 20 000 Umdrehungen gefressen. Auf der anderen Seite des Höhenmessers zeigt der Geschwindigkeitsmesser an: 200 Kilometer verdaut.

Der Magen des menschlichen Tischgenossen in der Mitte macht mit vielen gewöhnlichen Säuren die aufreizende Kraft des Mondlikörs verdaulicher, als abstrakter poetischer Selbstmörder. Der Mund des rechten menschlichen Gastes saugt eine gelb-rot-goldene Neonröhre des ewigen Sommers von Afrika.

Fliegen. Leichtigkeit. Das Unendliche kauen. Senkrecht oben allein. Schrägheit des Alltagslebens. Aufsteigende Linie der künstlerischen Kraft. Heiße, weiche, ganz ferne Liebe. Gegenwart der leeren Hände. Kritisches Murren des

Gedärms. Noch ein bißchen Honig der Bienen, die die griechischen Dichter inspirierten, in den Mund des futuristischen Luftpoeten.

Rezept des futuristischen Luftpoeten
MARINETTI
und des futuristischen Luftmalers
FILLIA

ESSEN FÜR DEN TASTSINN

Der Herr des Hauses sorgt in Zusammenarbeit mit den futuristischen Malern Depero, Balla, Prampolini und Diulgheroff dafür, daß so viele Pyjamas bereitgestellt werden, wie es Eingeladene gibt: jeder Pyjama wird aus verschiedenen Stoffen zum Anfassen gebildet oder damit bedeckt, wie Schwämme, Korken, Glaspapier, Filze, Aluminiumplatten, Bürsten, eiserne Besen, Pappen, Samt und Seide usw.

Ein paar Minuten vor dem Essen muß jeder Gast für sich einen der Pyjamas anziehen. Dann werden alle in einen großen dunklen Saal ohne Möbel geführt: ohne etwas zu sehen, muß jeder Gast nach der Inspiration seines Tastsinns schnell den eigenen Tischgenossen auswählen.

Nachdem die Wahl getroffen ist, werden alle in das Speisezimmer geführt, das mit vielen kleinen Tischen für zwei Personen ausgestattet ist: man staunt über den eigenen Tischgenossen, der einem durch die Sensibilität der Finger gegenüber den betastbaren Stoffen zugeteilt wurde.

Es wird nach der folgenden Speisekarte serviert:

1) *Polyrhythmischer Salat:* die Kellner gehen auf die Tische zu und bringen jedem Gast eine Schachtel mit einer Kurbel in der linken Wand, während ein kleines Porzellangefäß zur Hälfte in die rechte Wand eingefügt ist. In dem Gefäß: rohe Salatblätter, Datteln und Weintrauben. Jeder Gast benutzt die rechte Hand, um ohne Besteck den Inhalt des Gefäßes zum Munde zu führen, während er mit der linken Hand die Kurbel dreht. So wird die Schachtel musikalische Rhythmen von sich geben: daraufhin beginnen alle Kellner vor den Tischen einen langsamen Tanz mit großen geometrischen Gebärden, bis die Speisen verzehrt sind.

2) *Zauberspeise:* man bedient sich nicht sehr geräumiger Näpfe, die außen mit rauhen Stoffen zum Anfassen bedeckt sind. Man muß den Napf mit der linken Hand halten und mit der rechten die geheimnisvollen Kugeln ergreifen, die darin enthalten sind: es sind alles Kugeln aus gebranntem Zucker, aber jede mit verschiedenen Bestandteilen gefüllt (etwa kandierte Früchte oder Scheiben von rohem Fleisch oder Knoblauch oder Bananenbrei oder Schokolade oder Pfeffer), so daß die Gäste nicht erahnen können, welchen Geschmack sie gerade zum Munde führen.

3) *Berührungsgarten:* vor den Gästen werden große Teller aufgestellt, die zahlreiche ungesalzene, rohe und gekochte Gemüsesorten enthalten. Von diesem Gemüse kann man nach Belieben kosten, aber ohne Zuhilfenahme der Hände, denn man muß mit dem Gesicht in den Teller tauchen und so durch den direkten Kontakt der Haut der Wangen und der Lippen mit den Geschmacksnuancen der Gemüsesorten den eigenen Geschmackssinn inspirieren lassen. Jedesmal, wenn die Gäste aus dem Teller auftauchen, um zu kauen, spritzen ihnen die Kellner Lavendel und Eau de Cologne ins Gesicht.

Zwischen den einzelnen Gängen müssen die Gäste, da ja das ganze Essen auf dem Vergnügen des Tastsinns beruht, ununterbrochen ihre Fingerkuppen laben, indem sie den Pyjama des Tischnachbarn berühren.

Rezept des futuristischen Luftmalers
FILLIA

ESSEN »SYNTHESE ITALIENS«

Italien ist in der Vergangenheit immer eine leckere Speise für die Ausländer gewesen. Heute können wir davon kosten, aber wenn wir den Geschmack und den Duft aller seiner Gemüsekulturen, seiner Felder und seiner Gärten bei Tisch probieren wollen, reicht ein einziges Mahl für all die vielen regionalen Speisen gar nicht aus.

Ich schlage daher dieses Essen *Synthese Italiens* vor:

Ein quadratisches Zimmer mit blauer Decke, dessen vier Wände aus ungeheuren futuristischen Glasmalereien bestehen, darstellend: eine Alpenlandschaft von Depero – eine ebene Landschaft mit Seen und Hügeln im Hintergrund von Dottori – eine Vulkanlandschaft von Balla – eine durch Inseln belebte Mittelmeerlandschaft von Prampolini. Vor dem Essen färben sich die Gäste die Hände mit Mytilene-Blau.

Zu Beginn des Essens wird die erste Wand von hinten beleuchtet, so daß sich die geometrischen Profile weißer und brauner Berge und grüner Pinien ergeben. Im Saal wird eine Temperatur der Frühlingsfrische eingestellt.

Man serviert die erste Speise *Gebirgstraum:* kleine ovale Eisstücke in Kastaniencreme auf großen, mit Nüssen getüpfelten Apfelscheiben, die mit Freisa-Wein befeuchtet sind.

Die erste Wand erlischt und die zweite wird beleuchtet: es glänzen die Smaragde der Wiesen und die Rondells der Gutshöfe, die sich zwischen dem hügeligen Land und dem metallischen Blau der Seen verlieren. Die Temperatur im Saal steigt.

Zivilisierte Wildnis: eine Torte aus weißem gekochtem Reis mit einer Garnierung aus breiten, zarten Rosenblättern, vom Knochen gelöstem Froschfleisch und sehr reifen Kirschen. Während die Tischgenossen essen, lassen die Kellner schnell einen warmen Geranienduft vor ihren Nüstern vorbeiziehen.

Die zweite Wand erlischt und die dritte wird beleuchtet: atmosphärische Dynamik des rotglühenden Vesuvs. Das Klima im Saal ist sommerlich.

Suggestion des Südens: eine große Fenchelpflanze, in die Radieschen und kernlose Oliven eingelassen sind. Mit dünnen Scheiben Lammbraten umwickelt und in Wein aus Capri eingelegt, wird sie aufgetragen.

Die dritte Wand erlischt, und man entzündet den letzten Glanz der leuchtenden Inseln im Schaum des brodelnden Meeres. Hohe Temperatur im Saal.

Kolonialinstinkt: eine kolossale Meeräsche, gefüllt mit Datteln, Bananen, Orangenscheiben, Krebsen, Austern und Johannisbrotfrüchten, wird in einem Liter Marsala-Wein schwimmend präsentiert. Ein starker Duft von Nelken, Ginster und Akazie wird in die Luft gesprüht.

Am Ende des Mahls werden die vier Wände gemeinsam beleuchtet, und man serviert Eis, gemischt mit Ananas, rohen Birnen und Heidelbeeren.

Rezept des futuristischen Luftmalers
FILLIA

GEOGRAPHISCHES ESSEN

1. – Ein Saal im Restaurant ist mit Aluminium und verchromten Röhren geschmückt. Durch die runden Fenster erblickt man wie in geheimnisvoller Ferne koloniale Landschaften.

2. – Die Gäste, die um einen Metalltisch mit waagerechter Linoleumplatte sitzen, schlagen in großen Atlanten nach, während unsichtbare Grammophone geräuschvolle Negerplatten spielen.

3. – Wenn das Essen beginnt, betritt die Kellnerin mit der Speisekarte den Saal, hinter ihr in einiger Entfernung die anderen Kellner: eine wunderschöne junge Frau, gänzlich mit einer weißen Tunika bekleidet, die ihren ganzen Körper einhüllt und auf der die vollständige Landkarte von Afrika farbig eingezeichnet ist.

4. – Man muß die Speisen nicht nach ihrer Zusammensetzung auswählen, sondern indem man auf der Landkarte die Stadt oder die Gegenden zeigt, die die touristische und abenteuerlustige Phantasie der Gäste verlocken.

5. – Beispiel: wenn ein Gast mit dem Finger auf die linke Brust der Oberkellnerin tippt, auf der KAIRO geschrieben steht, wird einer der Kellner sich stillschweigend entfernen und schnell mit der Speise zurückkommen, die jener Stadt entspricht. In diesem Falle: *Liebe am Nil*, in Palmwein eingelegte Pyramiden aus kernlosen Datteln. Rings um die größte Pyramide Würfel aus Milchreis mit Zimt voll gerösteten Kaffeebohnen und Pistazien.

6. – Wenn ein anderer Gast mit dem Finger auf das rechte Knie der Oberkellnerin, betitelt SANSIBAR, zeigt, wird der Kellner ihm die *Speise Abibi* servieren: eine halbe Kokosnuß, mit Schokolade gefüllt, auf eine Unterlage von kleingehack-

tem rohem Fleisch gestellt und mit Jamaika-Rum begossen.

7. – So geht es weiter, wobei für jedes Essen die Landkarten und die Oberkellner ausgewechselt werden, so daß man die Gerichte nicht im voraus kennenlernen kann. Man wird sich beim Essen dergestalt orientieren müssen, daß man sich von den Kontinenten, Regionen und Städten inspirieren läßt.

Rezept des futuristischen Luftmalers
FILLIA

NEUJAHRSESSEN

Die Gewohnheit hat nunmehr auch die Freude am Neujahrsessen getötet: seit vielen Jahren tragen immer dieselben Elemente zu einer schon allzu oft genossenen Fröhlichkeit bei. Jeder kennt den genauen Gang der Ereignisse im voraus.

Familienerinnerungen, Glückwünsche und Zukunftserwartungen drehen sich im Kreis wie Blätter aus der Druckerpresse. Man muß die Gewohnheiten durchbrechen, um der Monotonie zu entgehen.

Es gibt tausend Möglichkeiten, dieses Festessen zu erneuern: hier ist eine davon, die wir mit den simultaneistischen Futuristen von Rom realisiert haben: Mattia, Belli, D'Avila, Pandolfo, Battistella, Vignazia usw.

Um Mitternacht, nach endlosem erwartungsvollem Geschwätz, meldet man, daß das Essen fertig ist. Die Tische sind aus dem Saal entfernt worden, und die Gäste sitzen auf Stühlen, die im Gänsemarsch aufgestellt sind, einer hinter dem andern.

Man serviert den unvermeidlichen Truthahn, den die Kellner auf Metalltellern verteilen: der Truthahn ist mit Mandarinen und Salami vollgestopft.

Alle essen bei selbst auferlegtem Schweigen: der Wunsch nach Geräusch und Fröhlichkeit wird unterdrückt.

Auf einmal wird im Saal ein lebendiger Truthahn freigelassen, der zur Überraschung der Männer und unter dem Gekreisch der Frauen, die diese Auferstehung der hinuntergeschluckten Speise nicht begreifen, erschreckt um sich schlägt. Die Ordnung wird wiederhergestellt und die Freude eines jeden verstärkt sich für einen entfesselten Augenblick.

Vom Schweigen dann wieder überwältigt, sagt einer der

Anwesenden, um ein x-beliebiges Gespräch in Gang zu bringen:

– »Ich habe meine Glückwünsche für das Neue Jahr noch nicht zum Ausdruck gebracht.«

Da stehen alle wie auf ein Stichwort auf und stürzen sich auf den unvorsichtigen Bewahrer der Tradition, der wiederholt geohrfeigt wird. Endlich bricht Fröhlichkeit aus, verschärft durch die allzu lange Regungslosigkeit, und die Gäste verteilen sich im ganzen Haus, wobei die kühnsten in die Küche eindringen.

Die Köchin und zwei Bediente werden gewaltsam entfernt, und jeder schickt sich an, eine Veränderung der Speisen zu ersinnen. Heftiger Wettstreit zwischen den angezündeten Kochherden, während Pfannen und Kasserollen unter Gelächter, Geheul und einem Hagel von Lebensmitteln von Hand zu Hand gehen.

Inzwischen haben andere das Weinlager entdeckt, und so entwickelt sich ein außergewöhnliches Bankett, das sich von der Küche zum Schlafzimmer, vom Vorzimmer zum Badezimmer und bis zum Keller ausbreitet. Die wie durch Zauberei zusammengestellten Speisen marschieren vorbei, gemäß dem Geist geschwinder Harmonie, der die neuen Köche beseelt. Ein Gast erzählt der Dame des Hauses:

– »vor fünfzehn Jahren, am gleichen Tage ...«

Aber in diesem Moment wird ihm ein Gefäß voll Spumante überreicht, in dem Blumenkohlköpfe, Zitronenscheiben und Roastbeefscheiben schwimmen: die Erinnerung an die Vergangenheit scheitert an einer chaotischen Gegenwart.

Die Jüngsten heulen:

– »Begrabt die Erinnerung! Wir müssen das neue Jahr endlich anders anfangen als bei den Banketten vor dem Krieg!« –

Drei Grammophone dienen als Tisch, und die Damen nehmen von den zu kreisenden Tellern gewordenen Schallplatten Bonbons, Zylinder aus Parmesankäse und harte Eier, während drei verschiedene Rhythmen japanischer Musik diese dynamische Selbstbedienung begleiten.

Die Hausherrin löscht unversehens das Licht. Erstaunen. Im Dunkeln hört man die Stimme eines Gastes:

– »Dieses Jahr wird es uns gelingen, die Atmosphäre zu reinigen und unsere Pläne zu verwirklichen. Ich lade euch alle für das nächste Neujahr zu einem Mondscheinbankett ein, wo wir endlich Speisen kosten werden, die unserem Gaumen unbekannt sind, und dazu ungeahnte Getränke.«

Rezept des futuristischen Luftmalers
FILLIA

VERJÜNGUNGSESSEN

Im allgemeinen haben die Schwierigkeiten, eine neue Ernährungsweise durchzusetzen, bei den Restaurantbesitzern zugenommen, die aus Uneinsichtigkeit oder Feigheit nicht auf die alte Küche verzichten wollen. All ihre Ängstlichkeit drückt sich darin aus, wie sie dem Kunden behilflich sind, wenn er wieder zum Mantel greift.

Wenn die Gastronomen indessen mitgeholfen hätten, die Notwendigkeit einer moderneren Ernährung zu verkünden, hätten sie viel an Zweifel und Spott abbauen können, und die Restaurants würden das Grau des täglichen Einerleis verloren haben. Dem gewöhnlichen Kunden, der eintritt und einen Teller Spaghetti verlangt, müßte der Kellner folgende Ansprache halten: »Seit heute hat unsere Küche die Pasta asciutta abgeschafft. Wir sind zu diesem Entschluß gekommen, weil die Pasta asciutta aus langen, archäologischen Würmern besteht, die wie ihre lebendigen Brüder in den unterirdischen Gängen der Geschichte den Magen schwer, krank und unnütz machen. Weiße Würmer, die Sie nicht in Ihren Körper einführen dürfen, wenn Sie nicht wollen, daß er geschlossen, dunkel und unbeweglich wie ein Museum wird.« Der Italiener unserer schnellen Epoche muß einem solchen Argument zugänglich sein. Der Kellner wird ihm also diese *Verjüngungsspeise* servieren: gekochten und dann in Butter gebackenen Reis, zu kleinen Kugeln in rohem Salat zusammengedrückt, die mit Grappa besprizt und auf einem Brei aus frischen Tomaten und gekochten Kartoffeln aufgetragen werden.

Rezept des futuristischen Luftmalers
FILLIA

IMPROVISIERTES ESSEN

Diese Stegreifgerichte sind zu empfehlen, um ein Höchstmaß an Originalität, Abwechslung, Überraschung, Unvorhergesehenem und Fröhlichkeit zu erreichen.

Für jeden Koch ist die Herausbildung einer Einstellung erforderlich, welche:

– davon ausgehen muß, daß Form und Farbe ebenso wichtig sind wie der Geschmack.

– darauf abzielt, für jede Speise eine Originalarchitektur zu entwerfen, möglichst unterschiedlich für jedes Individuum, so daß ALLE PERSONEN außer guten Speisen auch DIE SENSATION ERLEBEN, KUNSTWERKE ZU ESSEN.

– dazu führt, vor der Zubereitung des Essens den Charakter und die Sensibilität eines jeden zu studieren, um sich bei der Verteilung der Gerichte *Alter, Geschlecht, den physischen Zustand und psychologische Faktoren* zu merken.

– möglichst zu Bewegungsspeisen gelangen muß, mittels Tapeten und Möbel, die vor allen Personen vorbeiziehen und dabei Gerichte aller Art zur Schau stellen: so wird man die individuelle Zubereitung vereinfachen, weil jeder dazu gebracht wird, sich die bevorzugte Speise zu erobern. Und die Auswahl wird doppelt angenehm sein, weil sich dadurch in gewissem Sinne der menschliche Geist des Abenteuers und des Heldentums entwickeln kann.

Für das improvisierte Essen kann man natürlich unter Köchen, Kellnern und Direktoren über die Kennzeichen der verschiedenen Speisen diskutieren, aber man muß immer den persönlichen Geschmack der Gäste berücksichtigen.

Rezept des futuristischen Luftmalers
FILLIA

ESSEN ALS LIEBESERKLÄRUNG

Ein schüchterner Liebhaber will einer schönen und intelligenten Frau seine Gefühle ausdrücken. Zu diesem Zweck läßt er ihr auf der Terrasse eines großen Hotels nachts das folgende Liebeserklärungs-Essen servieren:

IchbegehreSie: eine aus verschiedenen, äußerst raffiniert ausgewählten Bestandteilen komponierte Vorspeise, die der Kellner lediglich zum Bewundern bringt, während sie sich mit Butterbrötchen begnügen muß.

Angebetetesfleisch: ein großer Teller, der eigentlich ein leuchtender Spiegel ist. Im Mittelpunkt Hühnerschnitzel, mit Ambra parfümiert und mit einer dünnen Schicht Kirschmarmelade bedeckt. Während sie ißt, wird sie ihr Spiegelbild im Teller bewundern.

SowerdeichSielieben: kleine Röhren aus Mürbeteig voll verschiedenster Geschmacksnuancen, das heißt eine mit Pflaumen, eine mit in Rum gekochten Äpfeln, eine mit in Cognac eingeweichten Kartoffeln, eine mit süßem Reis usw. Sie wird ohne Augenzwinkern alles essen.

Superleidenschaft: eine Torte aus süßem, sehr schwerem Teig. Auf der Oberfläche sind kleine Blumen voll Anis, Pfefferminzeis, Rum, Wacholder und Magenbitter angebracht.

Schenkmirdiesenacht: eine sehr reife Orange in einer großen ausgehöhlten Pfefferschote, das Ganze in dickem Eierpunsch mit Wacholder, garniert mit Austernstückchen und Meerwassertropfen.

Rezept des futuristischen Luftmalers
FILLIA

SAKRALES MAHL

Den futuristischen Geistlichen, die die Wohnungen von Ingenieur Barosi und Dr. Vernazza besucht haben, in denen sich Gemälde futuristischer Sakralkunst befinden, ist ein Essen folgender Zusammenstellung angeboten worden:

Auf einem großen Tisch sind 20 ganz gleichgroße Gläser aufgereiht, die jedoch in unterschiedlichem Verhältnis enthalten: rotgefärbtes Mineralwasser – Weißwein von den Castelli Romani, der mit Mytilene-Blau gefärbt ist – kalte, orangefarbene Milch.

Vor den Gläsern sind in 20 Aluminiumtellern aufgestellt: Scheiben verschiedener Fleischsorten, mit Ananasbrei unterlegt – rohe, mit Marmelade bedeckte Zwiebeln – in Schlagsahne und Eierpunsch verborgene Fischfilets – Butterbrötchen mit Kaviar in einem großen Kürbis.

Die Geistlichen müssen unbeirrt ihre Wahl treffen und sich dabei auf die wohlgewogene und zerknirschte Eingebung der göttlichen Inspiration verlassen.

Rezept des futuristischen Luftmalers
FILLIA

SIMULTANESSEN

Für Kaufleute, die vom Sturm der Geschäfte daran gehindert werden, sich im Restaurant aufzuhalten oder nach Hause zurückzukehren, wird ein Simultanessen zubereitet, das ihnen erlaubt, die verschiedenen Aktivitäten (schreiben, gehen, reden) fortzusetzen und gleichzeitig Nahrung zu sich zu nehmen.

In einer großen rotlackierten Metallpfeife kocht auf kleinen Elektroherden eine Suppe.

Kleine Thermosflaschen in Form von Füllfederhaltern sind mit warmer Schokolade gefüllt.

Taschenflaschen enthalten Fischextrakt.

Aus Papierschachteln kann man Briefe und Rechnungen entnehmen, die in verschiedenen Stärkegraden parfümiert sind, um den Appetit zu beruhigen, zu befriedigen oder anzuregen.

Rezept des futuristischen Luftmalers
FILLIA

ESSEN DER WEISSEN WÜNSCHE

Zehn Neger versammeln sich bei Tisch in einer Hafenstadt, halten eine Lilie in der Hand und befinden sich in einem gewissen Gemütszustand, der ihnen den Wunsch einflößt, europäische Länder zu erobern, in einer Mischung aus spiritueller Tendenz und heroischem Wollen.

Der ganze Saal ist in einen geheimnisvollen Halbschatten getaucht, und die unsichtbaren Lampen geben nur so viel Licht, daß man erkennt, der Tisch ist mit einer dicken, dunkel leuchtenden Glasplatte bedeckt.

Eine Negerköchin serviert ihnen wortlos 20 frische Eier, die auf zwei Seiten gelocht wurden, um einen schwachen Akazienduft hineinzuspritzen: die Neger atmen den Inhalt der Eier ein, ohne die Schale zu zerbrechen.

Dann wird eine große Suppenschüssel mit kalter Milch gebracht, in der kleine Käsewürfel und Muskatweintrauben schwimmen.

Der Gemütszustand der Neger ist unwillkürlich von all den weißen oder schneeweißen Speisen beeinflußt.

Die Negerköchin kommt mit einem Tablett zurück, das mit Nougat-eingefaßten Stücken von Kokosmark beladen ist, welche mit Butter bestrichen sind und auf einer Unterlage von gekochtem Reis und Schlagsahne aufgetragen werden. Gleichzeitig trinkt man reinen Anisschnaps, Grappa oder Gin.

Die Sensibilität der Neger gibt sich mit dem weißen Geschmack, der Farbe und dem Geruch der Speisen zufrieden, während die Decke sich langsam auf den Tisch herabsenkt und einen weißglühenden Globus aus Milchglas entstehen läßt, wobei sich im ganzen Saal ein Duft von Jasmin ausbreitet. Rezept des futuristischen Luftmalers

FILLIA

ASTRONOMISCHES ESSEN

Der Tisch besteht aus einer Kristallplatte auf leuchtenden Aluminiumstangen. Das Eßzimmer ist ganz dunkel. Von unten nach oben und von beiden Seiten in Richtung auf den Mittelpunkt wird die Kristallfläche von hundert unterschiedlich abgestuften Lichtquellen beleuchtet, wobei die Intensität und die Farben den Speisen entsprechend abwechseln.

Alles Geschirr ist aus Kristall.

So wird in Kristallpokalen eine Kraftbrühe aufglühen, die mittels einer geringen Menge von Fluoreszenz fluoreszierend hereingebracht wurde.

Rohes, gesundheitsförderndes Fleisch, ein Mosaik von Pistazien und rotem Pfeffer, mit Zitrone beträufelt und schwach mit Vanille parfümiert, wird Mittagsruhe halten.

Eine Speise aus sehr dünnen Räucherlachsscheiben, roten Rüben und Orangen wird verdämmern.

Dann wird als einziger beleuchteter Körper in der Nacht des Saales eine Weltkugel aus Fruchteis (mit fünfzig Zentimeter Durchmesser) sich auf den abstrakt gewordenen Kristalltisch herabsenken.

Eine Pumpe in Form eines Fernrohrs wird etwas Asti-Spumante-Artiges hervorschleudern.

Rezept des Futuristen
DR. SIROCOFRAN

(Weitere 80 Rezepte der futuristischen Küche
sind schon im Kapitel
»Die maßgebenden Diners« beschrieben)

FUTURISTISCHES REZEPTBUCH FÜR RESTAURANTS UND BARS

(Die summarische Angabe der Zutaten
in vielen dieser Rezepte sollte keine Bedenken
hervorrufen, sondern die erfinderische
Phantasie der futuristischen Köche anregen,
deren eventuelle Fehler oft zu Eingebungen für
neue Speisen führen können)

Entscheider
(Polygetränk des futuristischen Luftdichters Marinetti)
1/4 Wein mit Chininzusatz
1/4 Rum
1/4 heißen Barolo-Wein
1/4 Madarinensaft

Erfinderin
(Polygetränk des futuristischen Luftdichters Marinetti)
1/3 Asti Spumante
1/3 Ananaslikör
1/3 eiskalten Orangensaft

Simultanspeise
(Rezept des futuristischen Luftdichters Marinetti)
Eine Hühnergelatine, zur Hälfte in Würfel aus rohem Fleisch eines jungen Kamels eingefügt, mit Knoblauch eingerieben, geräuchert und zur Hälfte in Kugeln aus in Wein zerkochtem Hasenfleisch eingefügt.

Beim Essen wird jeder Kamelbissen mit einem Schluck Wasser von Serin und jeder Hasenbissen mit einem Schluck Schiras (türkischer Wein aus Most, ohne Alkohol) begossen.

Meerestafel der befreiten Worte
(Rezept des futuristischen Luftdichters Marinetti)
Auf einem Meer von krausem Salat, der hier und da mit Quarkspritzern verziert ist, schwimmt eine halbe Wassermelone, an Bord die Skulptur eines kleinen Kommandanten aus holländischem Käse, der eine schlaffe Mannschaft befehligt, die von Kalbshirn, in Milch gekocht, angedeutet wird. Wenige Zentimeter vor dem Bug eine Klippe von Pfefferku-

chen aus Siena. Man bestreue das Schiff und das Meer mit Zimt oder rotem Pfeffer.

Zwischenbeiden
(Rezept des futuristischen Luftmalers Fillia)
Zwei rechteckige Brotscheiben: die eine mit Anchovispaste bestrichen, die andere mit Paste aus geriebenen Apfelschalen. Zwischen den beiden Brotscheiben: gekochte Salami.

Ganzreis
(Rezept des futuristischen Luftmalers Fillia)
Weißer gekochter Reis wird folgendermaßen angeordnet: ein Teil in der Mitte des Tellers in Halbkugelform – ein anderer Teil in Form einer Krone um die Halbkugel herum. Unmittelbar bevor das Gericht auf den Tisch gebracht wird, begieße man die Halbkugel mit einer Weißweinsoße, mit Stärkemehl gebunden, und die Krone mit einer Soße aus warmem Bier, Eigelb und Parmesan.

Meer von Italien
(Rezept des futuristischen Luftmalers Fillia)
Auf einem rechteckigen Teller bereite man eine Grundlage, die aus geometrischen Streifen von frischer Tomatensoße und passiertem Spinat gebildet wird, und zwar derart, daß man eine genaue Dekoration in Grün und Rot schafft. Auf dieses grüne und rote Meer setze man Komplexe aus kleinen gekochten Fischfilets, Bananenscheiben, einer Kirsche und einer trockenen Feige. Jeder dieser Komplexe wird mit einem Zahnstocher befestigt, der die verschiedenen Bestandteile senkrecht hält.

Fleischplastik
(Rezept des futuristischen Luftmalers Fillia)

Die *Fleischplastik* (eine synthetische Interpretation der Gemüsekulturen, der Gärten und der Felder Italiens) besteht aus einem großen zylindrischen Stück (A) Kalbsbraten, der mit elf verschiedenen Sorten gekochtem Gemüse gefüllt ist.

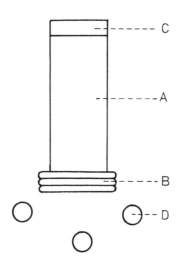

Dieser senkrecht in der Mitte des Tellers aufgestellte Zylinder wird von einer dicken Honigschicht (C) bekrönt und an der Basis von einem Wurstring (B) getragen, der sich auf drei vergoldete Kugeln (D) aus Hühnerfleisch stützt.

Luftspeise
(Rezept des futuristischen Luftmalers Fillia)

Man serviert auf der rechten Seite des Essenden einen Teller mit schwarzen Oliven, Fenchelherzen und Chinakohl.

Auf der linken Seite des Essenden serviert man ein Rechteck, das sich aus Glaspapier, Seide und Samt zusammensetzt. Die Speisen müssen mit der rechten Hand direkt zum Munde geführt werden, während die linke Hand leicht und wiederholt über das Berührungsrechteck streift. Inzwischen besprühen die Kellner den Nacken der Gäste mit einem Symduft von Nelken, während aus der Küche ein heftiges Symgeräusch eines Flugzeugmotors hinzukommt und gleichzeitig eine Dismusik von Bach.

Glaspapier
Rote Seide
Schwarzer Samt

Exaltiertes Schwein
(Rezept des futuristischen Luftmalers Fillia)
Eine rohe, abgepellte Salami wird direkt in einem Teller serviert, der sehr heißen Espresso-Kaffee enthält, gemischt mit viel Eau de Cologne.

Nahrungsalphabet
(Rezept des futuristischen Luftmalers Fillia)
Aus Mortadella von Bologna, Käse, Mürbeteig und gebranntem Zucker werden alle Buchstaben des Alphabets ausgeschnitten (und zwar sehr dick, damit sie lesbar bleiben). Man serviert zwei pro Gast, nach den Initialen seines Vor- und Zunamens, die somit über die Paarung verschiedener Speisen entscheiden.

Sizilianisches Vorgebirge
(Rezept des futuristischen Luftmalers Fillia)
Thunfisch, Äpfel, Oliven und japanische Erdnüsse werden zusammen kleingehackt. Man streicht die so entstandene Paste auf einen kalten Marmelade-Eierkuchen.

Unsterbliche Forellen
(Rezept des futuristischen Luftmalers Fillia)
Man fülle Forellen mit gehackten Nüssen und backe sie in Olivenöl. Man umwickle die Forellen mit sehr dünnen Scheiben Kalbsleber.

Auf Jagd im Paradies
(Rezept des futuristischen Luftmalers Fillia)
Man koche einen Hasen langsam in Schaumwein, worin man bis zum Verzehr Kakaopulver auflöst. Dann tauche man ihn eine Minute lang in viel Zitronensaft ein. Man serviere

ihn in reichlich grüner Soße auf der Basis von Spinat und Wacholder, verziert mit silbernen Bonbons, die an die Schrotkugeln der Jäger erinnern.

Teufel in schwarzer Kutte

(Polygetränk des futuristischen Luftmalers Fillia)
2/4 Orangensaft
1/4 Grappa
1/4 flüssige Schokolade
Hineingegeben wird ein harter Eidotter.

Elastiksüß

(Rezept des futuristischen Luftmalers Fillia)
Man fülle eine Kugel aus Mürbeteig mit rotem Eierpunsch, in den ein Streifen Bandlakritze (3 cm) eingetaucht ist.

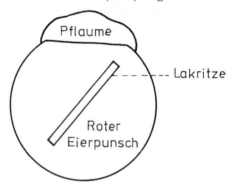

Man verschließe den oberen Teil der Kugel mit einer halben Trockenpflaume.

Die großen Gewässer
(Polygetränk des futuristischen Luftmalers Prampolini)
1/4 Grappa
1/4 Gin
1/4 Kümmel
1/4 Anislikör

Auf der Flüssigkeit schwimmt ein Block aus Anchovispaste, die wie Arznei von Oblaten eingehüllt wird.

Alkoholturnier
(Polygetränk des futuristischen Luftmalers Prampolini)
2/4 Barbera-Wein
1/4 Zitronenbrause
1/4 Campari Bitter

In die Flüssigkeit werden, auf einen Zahnstocher aufgespießt, ein Käsewürfel und ein Schokoladewürfel gegeben.

Vorwort zum Kosten
(Rezept des futuristischen Luftmalers Prampolini)
Ein Zylinder aus Butter, der oben eine grüne Olive trägt. An der Basis des Zylinders: Salami, Rosinen, Pinienkerne und Bonbons.

Äquator + Nordpol
(Rezept des futuristischen Luftmalers Prampolini)
Ein äquatoriales Meer aus Eidottern mit Austern, Pfeffer, Salz, Zitrone. Aus dem Mittelpunkt ragt ein Kegel aus geschlagenem, gestocktem Eiweiß hervor, umkränzt von Orangenscheiben wie saftigen Abschnitten der Sonne. Die Spitze des Kegels wird mit schwarzen Trüffelstücken besetzt sein, die in der Form von Negerflugzeugen bei der Eroberung des Zenits geschnitten sind.

Schmackhafte Scheiben
(Rezept des futuristischen Luftmalers Prampolini)
Eine gemischte Obsttorte, die auf einer Schokoladenscheibe aufliegt. Die Torte ist mit zwei Schichten von Brei gefüllt, die sie in der Mitte zerschneiden: die erste aus Tomatensoße und die zweite aus Spinat.

Frühlingsparadox
(Rezept des futuristischen Luftmalers Prampolini)
Ein großer Zylinder aus Eiscreme, der oben wie Palmenbewuchs geschälte Bananen trägt. Zwischen den Bananen sind harte Eier ohne Dotter verborgen, mit Pflaumenmus gefüllt.

Reis der Herodias
(Rezept des Futuristen Dr. Sirocofran)
Zum gemeinsamen Lobpreis und um die höchste jungfräuliche Reinheit mit der tiefsten Wollust des Duftes zu verschmelzen und so den ruhmreichen Namen Mallarmés zu ehren, der die Jungfrau Herodias in einer grünen Sumpflandschaft mit höchst sinnlichen türkisblauen Schwertlilien besang, nehmt Reis und laßt ihn in reichlich gesalzener Milch kochen. Laßt ihn abtropfen und bestreut ihn mit feinstem Pulver aus den Wurzeln der Schwertlilie.

Eingekerkerte Düfte
(Rezept des Futuristen Dr. Sirocofran)
In dünne, leuchtend bunte Ballons führe man einen Tropfen Parfüm ein. Man blase sie auf und erwärme sie leicht, so daß das Parfüm entströmen kann und die Hülle geschwollen bleibt.

Man serviere sie gleichzeitig mit dem Kaffee auf kleinen

warmen Tellern, wobei man dafür sorge, daß es unterschiedliche Düfte sind. Man nähere die angezündete Zigarette den Ballons und atme den Duft ein, der davon ausgeht.

Datteln bei Mondschein

(Rezept des Futuristen Dr. Sirocofran)
35 bis 40 sehr reife, zuckersüße Datteln, 500 Gramm römischen Quark. Man entkerne die Datteln und stoße sie gründlich zu Brei (noch besser, wenn sie durch ein Sieb passiert werden). Das so erhaltene Mark verleibe man dem Quark ein, bis man einen sehr homogenen Brei hat. Man serviere ihn kalt, nachdem der Teller einige Stunden im Eisschrank gelegen hat.

Blitzende Vorspeise

(Rezept des futuristischen Dichters Luciano Folgore)
Versuch, wenn du nicht schlafen kannst,
die Speise, welche unvergleichlich,
denn Fische fängt für seinen Wanst
der Schläfer nicht, dem unerreichlich
das scharfe Wachsein, das er braucht,
wenn er ins Faß nach Fischen taucht
zum Heringskauf zu hohem Preis:
geräuchert sind sie nicht, doch weiß.

Empfangt sie, reinigt sie genau,
entfernt die Milch von diesen Fischen,
legt sie zur weitren Zukunftsschau
aufs Tellerchen, laßt sie erfrischen
in klarem Wasser sich für Stunden,
bis daß für salzlos sie befunden,
erwartungsvoll legt sie aufs Brett
mit Zwiebelchen und hartem Ei,

bis daß beim Mond im Himmelsbett
gehackt aufs feinste alles sei,
die Paste weich und durchaus nett,
mit Öl und Essig wird sie schließlich
gewürzt – so schmeckt sie wohl erprießlich.

Dann gebt hinzu die Milch aufs neue
(die Milch der Heringe natürlich!),
in Öl gelöst, wird sie gebührlich
mit Essigtropfen zum Gebräue,
das zart, doch scharf sie nun garniere,
die du derweil schon kleingehackt,
die allerliebsten Heringstiere,
auf die ein Appetit uns packt.

Von Patagonien ein König
gab dafür hin sein ganzes Reich;
an der Geschichte stimmt wohl wenig,
jedoch die Vorspeis, die ich euch
hier zeigte, ist so wahr und lieb,
daß in der »Vita Nova« Dante
wohl nach dem »Gastmahl« sie beschrieb:
»Verstand hat nur, wer diese kannte.«

Futuristischer Risotto mit Alchechingio

(Rezept des futuristischen Luftdichters Paolo Buzzi)

Man bereite ein Kilogramm Alchechingio-Früchte vor, die man zerstückelt und von ihrer dünnen Hülle befreit; daneben sammle man mit Sorgfalt den Saft, den man daraus gewinnt.

Man stelle reichlich feingehackte Petersilie mit wenig Knoblauch und Zwiebeln bereit.

Man gebe reichlich Öl in eine Kasserolle.

Wenn es aufkocht, nehme man es vom Feuer und schütte die zerriebenen Alchechingio-Früchte und die feingehackte

Petersilie hinein (wobei man den Saft besonders aufbewahrt).

Man setze es wieder aufs Feuer: und kurz bevor das Ganze sich bräunt (damit die Zwiebeln nicht geröstet werden), füge man eine für sechs Personen berechnete Menge Reis hinzu, wobei man ständig umrührt, und zwar solange, bis er eine goldene Farbe anzunehmen beginnt. Sodann rühre man löffelweise gesalzene Brühe darunter, in die man den Saft der Alchechingio-Früchte hineingegeben hat.

Nachdem alles 20 Minuten gekocht hat, nehme man das Ganze vom Feuer, knete den Risotto tüchtig durch und füge reichlich Käse hinzu.

Dieser Risotto ist futuristisch, weil die Alchechingio-Frucht gleichsam *aus dem Rahmen fällt*: sicher viel mehr als der Safran, den man – nebenbei bemerkt – in der Natur kaum mehr findet.

Er ist *synthetisch*, weil die acht in der ziemlich herben Blumenzwiebel enthaltenen Körnchen den »marinettianischen« acht Seelen in einer Bombe entsprechen; weil die Alchechingio-Frucht mit gutgefügten Flügeln wie ein Flugzeug beflügelt ist, Flügel, die man wegwirft: und dann ähneln sie einem Fallschirm; und sie ist sehr leicht verdaulich, wie alles, was zur futuristischen Schmiede (ich wollte sagen: Küche) gehört.

Gebackene Reisbällchen

(Rezept des Futuristen der befreiten Worte Mazza)

Man bereite einen guten Risotto mit Safran oder Tomaten, wobei man dafür Sorge trage, daß er nicht knackig, sondern eher zerkocht vom Feuer genommen wird, und lasse ihn abkühlen. (Er darf nicht knackig sein, damit die Reiskörner aneinander kleben können.)

Man forme daraus Kugeln von der Größe einer halben Orange, wobei man die Hände mit Wasser oder besser mit Olivenöl befeuchtet, drücke in jede Kugel mit dem Daumen ein Loch, das erweitert wird, ohne die Wände zu zerstören, und fülle es mit grobgehacktem, vom eigenen Saft feuchtem Fleischragout. Dazu gebe man Käsewürfel (Fontina oder Mozzarella oder Caciocavallo oder frischen Provolone), Stückchen von Salami oder rohem Schinken, Pinienkerne und Rosinen. Man bedecke sie mit anderem Risotto und forme sie wieder zur Kugel. Die so vorbereiteten Bällchen wälze man in weißem Mehl, dann in geschlagenem Ei und schließlich in Semmelbrösel. Man backe sie in reichlichem Olivenöl, bis sie goldblond werden, und serviere sie warm und knusprig.

Wieeinewolke

(Rezept des futuristischen Luftdichters Giulio Onesti)
Eine große Menge Schlagsahne, durchschossen mit Orangensaft, Pfefferminze, Erdbeermarmelade und zart benetzt mit Asti Spumante.

Huhn von Stahl

(Rezept des futuristischen Luftmalers Diulgheroff)
Man läßt ein ausgenommenes Huhn braten. Sobald es erkaltet ist, bringe man eine Öffnung im Rücken an und fülle das Innere mit rotem Eierpunsch, den man mit 200 Gramm kugligen, silbernen Bonbons angereichert hat. Ringsherum um die Öffnung erheben sich Hahnenkämme.

Worte in Freiheit

(Rezept des futuristischen Luftpoeten Escodamè)
Drei Dattelmuscheln, ein Halbmond einer roten Wassermelone, ein Wäldchen von Zichoriensalat, ein kleiner Würfel aus Parmesankäse, eine kleine Kugel aus Gorgonzola, 8 Kaviarkügelchen, 2 Feigen, 5 Gläschen Mandellikör »Amaretto di Saronno«: alles ordentlich auf einer großen Unterlage von Mozzarella-Käse, man ißt mit geschlossenen Augen, greift hin und wieder mit den Händen zu, während der große Maler und Meister der befreiten Worte Depero sein berühmtes Lied »Jacopson« deklamiert.

Golf von Triest

(Rezept des futuristischen Luftdichters Bruno Sanzin)
Man koche ein Kilogramm Muscheln ohne Schalen in einer Soße aus Zwiebeln und Knoblauch, wobei man langsam den Reis hinzugibt. Man präsentiere diesen Risotto mit einer Beilage aus Vanillecreme ohne Zucker.

Berauschtes Kalb

(Rezept des futuristischen Luftdichters Bruno Sanzin)
Man fülle rohes Kalbfleisch mit geschälten Äpfeln, Nüssen, Pinienkernen, Gewürznelken. Es wird im Ofen gebakken. Man serviere es kalt in einem Bad von Asti Spumante oder süßem Passito-Wein aus Lipari.

Simultaneis

(Rezept des Dichters der befreiten Worte, des Futuristen Giuseppe Steiner)
Creme aus Milch und rohen Zwiebelwürfelchen, beides zusammen eingefroren.

Ultramännliches
(Rezept des futuristischen Kunstkritikers P. A. Saladin)
Auf einem rechteckigen Teller werden dünne Scheiben gekochter und der Länge nach zerschnittener Kalbszunge angeordnet. Darüber legt man zwei Reihen am Spieß gebratener Krebsschenkel, derart, daß sich Parallelen im Längssinn zur Achse des Tellers ergeben. Zwischen diese beiden Reihen legt man eine Languste, von der man vorher Kruste und Stacheln entfernt hat und die mit grünem Eierpunsch bedeckt wird. Das Hinterteil der Languste wird mit drei halben harten Eiern garniert, die der Länge nach derart aufgeteilt sind, daß das Eigelb die Kalbszungenscheiben bedeckt. Das Vorderteil dagegen wird kreisförmig mit Hahnenkämmen gekrönt, während die Ausstattung des Tellers durch zwei Reihen von kleinen Zylindern aus Zitronenscheiben mit Trüffeln vervollständigt wird.

Sprungimfleisch
(Polygetränk des futuristischen Kunstkritikers P. A. Saladin)
3 Kaffeebohnen

1 Teil Likör aus den folgenden Pflanzen: Kokablätter, Kolanüsse, Damiana-Blätter, Muira-Puama-Potenzholz, Yohimbin, Ginseng, Igelkaktus

1 Teil Tee-Likör

1 Teil Kirschschnaps

Mehroderwenigergeteilt
(Polygetränk des futuristischen Kunstkritikers P. A. Saladin)
1 kandierte Kastanie

1 Teil Rosenlikör

1 Teil Ananaslikör

1 Teil Likör aus Thymian oder Quendel

Mannfraumitternacht
(Rezept des futuristischen Kunstkritikers P. A. Saladin)
Auf einen runden Teller gießt man roten Eierpunsch, so daß er einen großen Fleck bildet.

In die Mitte dieses Flecks legt man einen schönen Zwiebelring, durch den man einen kandierten Engelwurzstengel gesteckt hat. Dann ordnet man zwei kandierte Kastanien an, wie in der Zeichnung angegeben, und serviert 1 Teller für jedes Paar.

Gebirgsliebe
(Polygetränk des futuristischen Kunstkritikers P. A. Saladin)
1/4 Melissenlikör
1/4 Tannenzapfenlikör
1/4 Bananenlikör
1/4 Waldmeisterlikör

Nebelspalter
(Rezept des futuristischen Kunstkritikers P. A. Saladin)
1/3 Beifußlikör
1/3 Rhabarberlikör
1/3 Grappa

Funke
(Polygetränk des futuristischen Kunstkritikers P. A. Saladin)
1/4 Nußschalenlikör
1/4 Enzianlikör
1/4 Absinth
1/4 Wacholderlikör

Zumpuffen
(Rezept des futuristischen Kunstkritikers P. A. Saladin)
Man bedeckt den Boden eines runden Tellers mit einer leicht nach Grappa duftenden Unterlage. Auf einem Radius

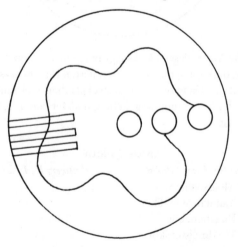

des Tellers werden in gleichem Abstand kegelförmig 3 halbe rote Pfefferschoten angeordnet, die im Ofen gebacken und mit einer Gemüsecreme gefüllt sind, die aus Spargelköpfen, Sellerie- und Fenchelherzen, kleinen Zwiebeln, Kapern, kleinen Artischocken und Oliven besteht. Von der entgegengesetzten Seite werden 3 Porreestangen dazugelegt. Eine Arabeske aus gehackten Trüffeln, die von der zweiten Pfefferschote bis zu der äußeren reicht, vervollständigt das Gericht.

Würfelgarten
(Rezept des futuristischen Kunstkritikers P. A. Saladin)
1) Kleine Würfel von gekochter Sellerie aus Verona, mit Paprika bestreut;

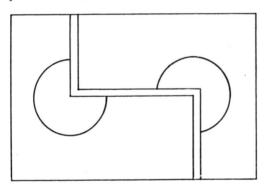

2) Kleine Würfel aus gekochten Karotten, die mit geriebenem Rettich bestreut sind;
3) Gekochte Erbsen;
4) Kleine Zwiebeln aus Ivrea, mit gehackter Petersilie bestreut;
5) Kleine Käsestangen.
P. S.: Die Würfelchen dürfen nicht größer sein als 1 cm^3.

Weiß und schwarz
(Rezept des nationalen Rekord-Poeten und Futuristen Farfa)
Einzelausstellung an den inneren Magenwänden: beliebige Schlagsahne-Arabesken mit Lindenholzkohlestaub. Gegen die schwärzesten Verdauungsstörungen. Für ein weißeres Gebiß.

Gegend von Pozzuoli und Grün von Verona
(Rezept des nationalen Rekord-Poeten und Futuristen Farfa)
Kandierte Zitrusfrüchte, mit gebratenem und gehacktem Tintenfisch gefüllt. Man kaue sie gründlich, als ob es antifuturistische Kritiker wären.

Erdbeerbusen
(Rezept des nationalen Rekord-Poeten und Futuristen Farfa)
Ein rosa Gericht mit zwei aufgerichteten weiblichen Brüsten, die aus rosigem Quark mit Campari und Brustwarzen aus kandierten Erdbeeren bestehen. Unter der Quarkschicht andere frische Erdbeeren zum Hineinbeißen, die die Vorstellung von der Vermehrung der Brüste vermitteln.

Nelken am Spieß
(Rezept des nationalen Rekord-Poeten und Futuristen Farfa)
Lange schlanke Zylinder aus Blätterteig. Auf jedem vier Nelken aufgespießt: weiß, rosa, rot, purpurn, rosig in kaltem Rosenlikör. Beim Essen denke man an den vergangenen Jugendstil.

Karotte + Hosen = Professor
(Rezept des nationalen Rekord-Poeten und Futuristen Farfa)
Eine rohe, senkrecht stehende Karotte mit dem spitzen Ende nach unten, wo mit einem Zahnstocher zwei gekochte

Auberginen angebracht sind, derart, daß sie wie violette Hosen beim Marschieren wirken. Man lasse die grünen Blätter an der Spitze der Karotte, denn die stellen ja die Hoffnung auf die Pension dar. Man nehme alles ohne Umstände zwischen die Kinnladen!

Mannakaffee
(Rezept des nationalen Rekord-Poeten und Futuristen Farfa)
Kaffee aus gerösteter Gerste, mit Manna gesüßt. Man serviere ihn sehr heiß, damit die Gäste ihn dadurch abkühlen, daß sie die frostigsten Witze hineinpusten.

Verdauungssenat
(Rezept des nationalen Rekord-Poeten und Futuristen Farfa)
Vier Gäste bestellen je zwei bekannte verdauungsfördernde Speisen oder Getränke. Oder auch acht Gäste je eins. Die anderen Eingeladenen stimmen in geheimer Wahl gegen das eine oder andere. Gewinnen wird die Speise oder das Getränk mit den wenigsten Gegenstimmen.

Libysches Flugzeug
(Rezept des futuristischen Flugpiloten, Dichters, Luftmalers und Fedele Azari)
Kandierte Kastanien werden 2 Minuten in Eau de Cologne und dann 3 Minuten in Milch eingetaucht und schließlich auf einem (in Form eines schlanken Flugzeugs ausgelegten) Brei aus Bananen, Äpfeln, Datteln und Erbsen serviert.

Netzwerke des Himmels
(Rezept des futuristischen Luftbildhauers Mino Rosso)
Als Basis eine Scheibe Kirschkaramel.
Der große Zylinder: Drei Lagen Blätterteig, mit Tama-

rindenmark gefüllt und mit Schokoladenbezug bedeckt.

Der kleine Zylinder: als Krone ein Sahnebaiser, bedeckt mit einem Bezug von Mandarinenkonfekt.

Der Mittelpunkt des oberen Zylinders enthält Schlagsahne mit Tamarindenmark und geschälten Pistazien.

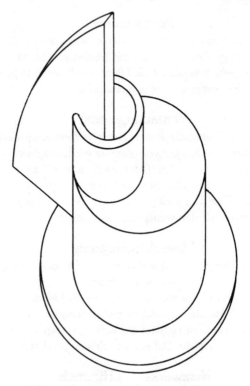

Der Flügel ist aus Mandarinenkaramel.

Kurz bevor die Süßspeise auf den Tisch gebracht wird, soll sie mit grünen Zuckerfäden bedeckt werden.

Intuitive Vorspeise
(Rezept von Frau Colombo-Fillia)
Man höhle eine Orange in Form eines Körbchens aus, in das man verschiedene Sorten Salami, Butter, Pilze in Essig, Anchovis und kleine grüne Pfefferschoten lege. Das Körbchen verleiht den verschiedenen Bestandteilen Orangenduft.

Im Inneren der Pfefferschoten sind Zettelchen mit futuristischen Lehr- oder Überraschungssätzen versteckt (zum Beispiel: »Der Futurismus ist eine antihistoristische Bewegung« – »Gefährlich leben« – »Ärzte, Apotheker und Totengräber bleiben durch die futuristische Küche arbeitslos« usw.).

Milch bei grünem Licht
(Rezept von Fräulein Germana Colombo)
In einen großen Suppenteller voll kalter Milch werden ein paar Teelöffel Honig, viele blaue Weintrauben und einige rote Radieschen gegeben. Man ißt, während ein grünes Dislicht den Suppenteller beleuchtet. Gleichzeitig trinkt man ein Polygetränk aus Mineralwasser, Bier und Brombeersaft.

Futuristischer Fasan
(Rezept des Luftdichters Dr. Pino Masnata)
Man läßt einen gründlich ausgenommenen Fasan braten, dann legt man ihn eine Stunde in Muskatwein aus Syrakus. Dann eine Stunde im Milch. Er wird mit Senf aus Cremona und kandierten Früchten gefüllt.

Pikanter Flughafen
(Rezept des futuristischen Luftmalers Caviglioni)
Eine Fläche von italienischem Salat mit Mayonnaise, mit Grünzeug bedeckt. Ringsherum Medaillons in wechselnder

Zusammensetzung aus belegten Brötchen mit Orange, Eiweiß und gemischtem Obst. Mit rotgefärbter Butter und Anchovis oder Sardinen werden auf dem grünen Feld Flugzeugkonturen geformt.

Aufstiegsrhomben (Reis mit Orange)
(Rezept des futuristischen Luftmalers Caviglioni)
Weißer Risotto mit leuchtender Soße: die Soße besteht aus dem Mark von Kalbsknochen mit etwas Rum, Orangenschalen, die in kleine dünne Streifen geschnitten und in Essig gedünstet sind. Orangensaft hinzufügen. Mit handelsüblicher »Nationalsoße« durchziehen lassen.

Flugzeugrumpf aus Kalbfleisch
(Rezept des futuristischen Luftmalers Caviglioni)
Kalbfleischscheiben werden an dem bergigen Flugzeugrumpf befestigt, der aus gekochten Maronen, kleinen Zwiebeln und Rauchwürsten besteht. Das Ganze mit Schokoladenpulver bestreut.

Kosmische Erscheinungen
(Rezept des futuristischen Luftmalers Caviglioni)
Fenchel, rote Beete, Rüben, gelbe Karotten auf einer Spinatpastete. Engelshaar aus Zucker hinzufügen.

Das in Butter gekochte Gemüse wird in Form von Sternen, Monden usw. geschnitten.

Verdauungslandung
(Rezept des futuristischen Luftmalers Caviglioni)
Aus dem Brei in Zuckerwasser gekochter Maronen und Vanillestengeln forme man Berge und Ebenen.

Darüber forme man aus blaugefärbter Eiscreme atmosphärische Schichten, die von landenden Flugzeugen aus Mürbeteig durchpflügt werden.

Italienische Brüste in der Sonne
(Rezept der futuristischen Luftmalerin Marisa Mori)
Man forme zwei Halbkugeln von Mandelteig. Im Zentrum einer jeden erhebt sich eine frische Erdbeere. Darauf gieße man Eierpunsch und Zonen aus Schlagsahne.

Man kann das Ganze mit starkem Pfeffer bestreuen und mit kleinen roten Pfefferschoten garnieren.

Tyrrhenischer Algenschaum
(mit Korallenverzierung)
(Rezept des futuristischen Luftkeramikers Tullio d'Albisola, des Rekord-Dichters von Turin)
Man nehme ein Bündel Meeressalat aus jüngstem Fang, wobei man beachte, daß er nicht in die Nähe von Abflüssen oder Ausgüssen gebracht wird, weil besagter Salat leicht üble Gerüche annimmt, wasche und spüle ihn unter reichlich fließendem Wasser. Nachdem er gereinigt ist, lasse man ihn mit Zitronensaft durchziehen. Man bestäube ihn mit Zucker und beschäume ihn mit einer Welle von Schlagsahne.

Die Korallenverzierung erhält man aus einem Ensemble aus Trauben von scharfen roten Pfefferschoten, bei Vollmond gefangenen Schillerlocken und einem Sternbild von reifen Granatapfelkernen.

Das Ganze, kunstvoll in Architektur und Arabesken, wird, sobald es fertig ist, noch frisch auf einem runden flachen Teller serviert, in brodelnder Brühe und mit blauer Zellophanfolie darüber.

Bombe à la Marinetti
(Rezept des futuristischen Kochs Alicata)

Eine bombenförmige Backform wird mit Orangengelatine gefüllt, wobei man den Kuppelteil mit kleinen Erdbeeren verziert. Die Seiten verziert man mit weißem Engelswurz in Form einer Krone und den hinteren Teil mit kandierten Kastanien. Man bedeckt die Dekoration mit einer Gelatineschicht, die man erstarren läßt.

Das Leere wird mit Vanillecreme gefüllt und mit würfelförmigem Gebäck bedeckt. Man läßt es kalt werden, nimmt es aus der Form und serviert es mit einer Garnierung aus halben Aprikosen in Gelatine, Orangenscheiben und kandierten Zitronen.

Magenwecker
(Rezept des futuristischen Luftmalers Ciuffo)

Eine Ananasscheibe, auf der man strahlenförmig Sardinen anordnet. Der Mittelpunkt der Ananas ist mit einer Thunfischschicht bedeckt, auf der eine halbe Nuß thront.

Starkessüß
(Rezept von Frau Barosi)

Ein Sandwich aus zwei Butterbrotscheiben, innen mit Senf bestrichen und mit Bananen und Anchovis belegt.

Ein Aufrechter
(Polygetränk des Futuristen Ingenieur Barosi)

Ein kleiner hohler Eiszylinder, außen mit Honig beschichtet. Im Inneren und am Boden: Sahneeiscreme, dann Erdnüsse aus Chivasso, Ananasstücke, das Ganze mit Wermut und Pfefferminzeislikör begossen.

Ichbrenneimmund
(Polygetränk des Futuristen Ingenieur Barosi)

Unten im Glas: Whisky mit Maraschino-Kirschen, die vorher in Cayenne-Pfeffer gelegt wurden.

Darüber: Schlagsahne oder Honig (Dicke 1 cm) als undurchdringliche Trennschicht.

Über dem Honig: Schnaps, Wermut und Strega-Likör.

Echtes Havanna
(Polygetränk des Futuristen Ingenieur Barosi)

Auf einem Aluminiumtellerchen in gleichem Abstand: ein Häufchen gebrannte Mandeln, Bananenscheiben, Anchovis, gerösteter Kaffee, Tomatenscheiben, Scheiben von Parmesankäse. In der Mitte des Tellers ein Glas mit Wermut, Cognac, Strega-Likör. Darin: Bananenscheiben.

Der Wiederbeleber

(Rezept des Futuristen Ingenieur Barosi)

Ein Eidotter
Ein halbes Glas Asti Spumante
Drei geröstete Nüsse
Drei Teelöffel Zucker

Das Ganze wird 10 Minuten geschlagen. Man überreicht es in einem Glas mit einer geschälten und herausragenden Banane.

Der Liktor

(Rezept des Futuristen Ingenieur Barosi)

Verschiedene Distel- oder Selleriestengel in einer Länge von 10 cm, die man vorher in Wasser gekocht hat, werden gerade angeordnet, so daß sie einen leeren Zylinder bilden. Daran wird befestigt: unten eine Halbkugel aus weißem Risotto und oben eine halbe Zitrone. Das Innere des Zylinders wird mit Hackfleisch, Öl, Pfeffer und Salz gefüllt. Auf der Halbkugel aus Reis, sternförmig verteilt: eine Gurke, ein Bananenstück, ein Stück rote Rübe.

Simultanes

(Polygetränk des Futuristen Dr. Vernazza)

4/8 Vernaccia-Wein
3/8 Wermut
1/8 Aquavit

Eine nicht ganz reife Dattel, gefüllt mit Sahnekäse, der mit Aurum-Likör aus Pescara verrührt wurde. Die so zubereitete Dattel wird mit dünnen Scheiben rohem Schinken und Salatblättern umwickelt. Das Ganze auf einen Zahnstocher aufgespießt, auf den man auch eine kleine rote Pfefferschote in Essig steckt, die mit kleinen Stücken Parmesankäse gefüllt ist.

(Wenn man den Zahnstocher ins Glas legt, werden auf der Flüssigkeit die vom Schinken abgesetzten Fettaugen erscheinen: in diesem Falle könnte das Polygetränk benannt werden »Welches Schwein stellt den Schmutztitel dar«.)

Tennis-Koteletts
(Rezept des Futuristen Dr. Vernazza)

Kalbskoteletts, in Butter gebraten und in Form eines Tennisschlägerrahmens geschnitten: Unmittelbar bevor sie serviert werden, bestreiche man sie mit einer dünnen Schicht

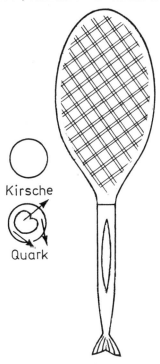

einer Paste (bestehend aus Sahnekäse, verrührt mit gehackten Nüssen), in die einige Linien aus Tomatensoße, mit Rum gemischt, eingezeichnet werden. Der Griff des Tennisschlägers wird aus einem kleinen Hering geformt, auf dem sich ein Bananenstreifen befindet.

Dann mache man vollkommene Kügelchen aus Kirschen in Spiritus (ohne Kern), die von einer Masse aus Quark, Ei, Käse und Muskatnuß eingehüllt werden. Schnelle Zubereitung, um die Kraft des Alkohols zu bewahren.

Risotto Trinacria

(Rezept des Futuristen Dr. Vernazza)

Normal gekochter Reis. Die Soße wird mit wenig leicht angebratener Zwiebel und Butter zubereitet, der man hinzufügt: Bauchspeck von Thunfisch in kleinen Stücken und Tomate in sehr geringer Menge. Wenn der Risotto fertig ist, werden einige grüne Oliven hinzugegeben und damit vermischt, dann wird er mit gut gereinigten Mandarinenscheiben garniert.

Mannschaftsbissen

(Rezept des Futuristen Dr. Vernazza)

Fischfilets zwischen zwei großen Reinetteapfelscheiben: das Ganze mit Rum beträufelt und im Augenblick des Servierens angezündet.

Atlantische Luftspeise

(Rezept des Futuristen Dr. Vernazza)

Gemüsepüree (Linsen, Erbsen, Spinat usw.) von hellgrüner Farbe. Darüber werden Flugzeuge angeordnet (für jeden Gast eins), die geformt sind aus: dreieckigen Blätterteigscheiben (Flügel) – einer der Länge nach geschnittenen

Karotte (Rumpf) – in Butter gekochten Hahnenkämmen (Steuer) – in Scheiben geschnittenem und gerade ausgerichtetem Chinakohl (Propeller).

Eßbarer Skifahrer
(Rezept des Futuristen Dr. Vernazza)

In einem Gefäß gelierter Eierpunsch. Darüber eine Schicht Schlagsahne. Zwischen dem Eierpunsch und der Sahne Orangenscheiben, mit Maraschino Zara durchtränkt.

Auf der weißen Oberfläche werden lange Bananenscheiben angeordnet mit einer halben Dattel in der Mitte, die mit einer Paste aus Aurum-Likör und gehackten süßen und bitteren Mandeln gefüllt ist. An beiden Seiten dieser Komposition, die an die Skier erinnert: Scheiben von kandierten Früchten, die in der Mitte auf süßen Brotstangen aufgespießt sind.

Teuflische Rosen
(Rezept des Futuristen Pascà d'Angelo)

2 Eier
100 Gramm Mehl
Der Saft einer halben frisch ausgepreßten Zitrone
Ein Löffel Olivenöl

Die besagten Zutaten werden gut gemischt und zu einem lockeren Teig gemengt; man werfe rote, samtige, entblätterte Rosen hinein, nachdem man den Stiel bis zum Blütenkelch entfernt hat, und lasse sie in heißem Öl sieden, wie es üblich ist, um Artischocken auf jüdische Art zuzubereiten. Man bringe sie sehr heiß auf den Tisch.

(Äußerst empfehlenswert für Brautleute, die es im Januar um Mitternacht essen sollten, besonders mit der Süßspeise Mafarka. – Siehe das folgende Rezept.)

Süßspeise Mafarka
(Rezept des Futuristen Pascà d'Angelo)

50 Gramm Kaffee
Zucker nach Belieben
100 Gramm Reis
2 Eier
Frische Zitronenschale
50 Gramm Orangenblütenwasser
1/2 Liter Milch

Man koche den Kaffee in der Milch und zuckere ihn nach Belieben, dann gebe man den Reis hinein und koche ihn sehr trocken und knackig. Man nehme ihn vom Feuer, reibe, wenn er kalt ist, die Zitronenschale hinein und gieße unter tüchtigem Umrühren das Orangenblütenwasser hinzu; man gebe es in eine Form und lege sie in Eis. Wenn es eiskalt ist, serviere man es mit frischem Gebäck.

Guten Appetit, es lebe der Stahl!

Bombardierung von Adrianopel
(Rezept des Futuristen Pascà d'Angelo)

2 Eier
100 Gramm Oliven
50 Gramm Kapern
100 Gramm Büffelkäse
6 Sardellen
25 Gramm Butter
100 Gramm Reis
1/2 Liter Milch

Man gebe den Reis, damit er genügend fest kocht, in die Milch, und wenn er etwa halbgar ist, füge man die Butter und ausreichend Salz hinzu. Nachdem man den Reis vom Feuer genommen hat, mische man schnell ein Ei darunter. Wenn das so Zubereitete ganz erkaltet ist, teile man es in zehn Teile; jedem Teil wird eine Scheibe Büffelkäse, eine halbe Sardelle, drei oder vier Kapern, zwei oder drei Oliven ohne Kern und eine reichliche Prise von schwarzem Pfeffer einverleibt. Man gebe jedem so zubereiteten Teil die Form einer Kugel, wälze sie in dem inzwischen geschlagenen anderen Ei, dann in Semmelmehl und backe sie.

Sprung des afrikanischen Soldaten

(Rezept des Futuristen Giachino,
des Besitzers des Heiligen Gaumens)

Man koche eine Hammelkeule mit Lorbeer, Pfeffer, Rosmarin und Knoblauch.

Wenn die Keule gar ist, gieße man die Flüssigkeit ab und gebe zum Fleisch Datteln hinzu, die mit gesalzenen Pistazien, trockenem Weißwein und Zitronensaft gefüllt sind.

Hungerstiller

(Rezept des Futuristen Giachino)

Auf eine große Schinkenscheibe lege man rohe Salami, Gurken, Oliven, Thunfisch, Pilze in Essig, kleine Artischokken. Man lege die beiden Enden des Schinkens aufeinander und verschließe ihn mit Anchovisfilets, einer Ananasscheibe und Butter.

Zoologische Suppe

(Rezept des Futuristen Giachino)

Teig in Form von Tieren, bestehend aus Reismehl und Ei, mit Marmelade bestrichen und in einer warmen Rosenbrühe serviert, die man mit Tropfen von italienischem Eau de Cologne verfeinert hat.

Durchdringung

*(Rezept des Futuristen Giachino,
des Besitzers des Heiligen Gaumens)*

Auf eine Erbsencreme lege man ein in Butter gebratenes Zanderfilet. Man gieße Tomatensoße auf das Filet und füge einen Apfelring, eine Schinkenscheibe und eine kandierte Frucht hinzu.

Grünreis

*(Rezept des Futuristen Giachino,
des Besitzers des Heiligen Gaumens)*

Auf eine Unterlage von Spinat gebe man in Butter gekochten weißen Reis, der mit einer dicken Erbsencreme und Pistazienpulver bedeckt wird.

Geschiedene Eier

*(Rezept des Futuristen Giachino,
des Besitzers des Heiligen Gaumens)*

Man teile harte Eier in zwei Teile, wobei man die Dotter unversehrt herausnimmt. Man lege die Eidotter auf Kartoffelbrei und das Eiweiß auf Karottenbrei.

Brieftaschen-Rübe

*(Rezept des Futuristen Giachino,
des Besitzers des Heiligen Gaumens)*

Kleine junge Rüben werden 10 Minuten mit Lorbeer, Zwiebeln und Rosmarin gekocht. Dann spalte man sie brieftaschenförmig auf und fülle sie mit in Ei und Rum eingeweichten Sardellen. Man ziehe die gefüllten Rüben durch Eidotter und Semmelmehl und backe sie im Ofen.

Feuermund

*(Rezept des Futuristen Giachino,
des Besitzers des Heiligen Gaumens)*

Man mische das Mark in Butter braun gebratener Kalbshaxen mit Hackfleisch, Nüssen und einer Wacholderbeere. Man setze es mit einem halben Glas Pflaumensaft wieder aufs Feuer, wo man es bis zum Verzehr schmoren läßt. Dann werden sechs entkernte und mit Mandeln gefüllte Pflaumen hinzugegeben. Man setze es mit einer Tasse trockenem Weißwein und Zitronensaft erneut aufs Feuer.

Weiße Rose

*(Polygetränk des Futuristen Giachino,
des Besitzers des Heiligen Gaumens)*

Verschiedene Mengen Orangeade, Campari und Anislikör mit Essenz von weißen Rosen.

Überraschungsbanane

*(Rezept des Futuristen Piccinelli,
des Kochs vom Heiligen Gaumen)*

Man höhle eine geschälte Banane der Länge nach aus und fülle sie mit gehacktem Hühnerfleisch.

Man setze sie in einem gebutterten Tiegel aufs Feuer und gebe nach und nach Fleischsaft hinzu.

Sie wird mit Gemüse serviert.

KLEINES WÖRTERBUCH DER FUTURISTISCHEN KÜCHE

Brei:
ersetzt PURÉE.

Consumato:
ersetzt CONSOMMÉ.

Disberührung:
Ausdruck, der die Ergänzungsbeziehung eines gegebenen Stoffes zum Geschmack einer gegebenen Speise angibt. Beispiel: die Disberührung von *Äquator* + *Nordpol* und einem Schwamm.

Disduft:
Ausdruck, der die Ergänzungsbeziehung eines gegebenen Duftes zum Geschmack einer gegebenen Speise angibt. Beispiel: der Disduft von rohem Fleisch und von Jasmin.

Disgeräusch:
Ausdruck, der die Ergänzungsbeziehung eines gegebenen Geräuschs zum Geschmack einer gegebenen Speise angibt. Beispiel: das Disgeräusch des *Meeres von Italien* und das Aufbrausen von Öl, von Sprudel oder von Meeresgischt.

Dislicht:
Ausdruck, der die Ergänzungsbeziehung eines gegebenen Lichts zum Geschmack einer gegebenen Speise angibt. Beispiel: das Dislicht von Schokoladeneis und einem sehr warmen orangegelben Licht.

Dismusik:
Ausdruck, der die Ergänzungsbeziehung einer gegebenen Musik zum Geschmack einer gegebenen Speise angibt. Bei-

spiel: die Dismusik der Datteln und der Neunten Sinfonie von Beethoven.

Entscheider:

allgemeiner Name für warme Stärkungs-Polygetränke, die dazu dienen, nach kurzer, aber tiefer Meditation eine wichtige Entscheidung zu fällen.

Erfinderin:

allgemeiner Name für erfrischende und leicht berauschende Polygetränke, die dazu dienen, blitzartig eine neue Idee zu finden.

Fondenti:

ersetzt FONDANTS.

Friedenimbett:

einschläferndes Polygetränk.

Gaumenführer:

ersetzt MAITRE D'HOTEL.

Hiertrinktman:

ersetzt BAR.

Einschenker:

ersetzt BARKEEPER.

Essenbeisonne:

ersetzt PICNIC.

Fischsuppe:

ersetzt BOUILLABAISSE.

Kandierte Kastanien:
ersetzt MARRONS GLACÉS.

Karte oder Speisekarte:
ersetzt MENÜ.

Kinnladenverrenker:
futuristische Persönlichkeit, die die Aufgabe hat, die offiziellen Bankette zu erfreuen.

Kriegimbett:
befruchtendes Polygetränk.

Mischung:
ersetzt MÉLANGE.

Pastete:
ersetzt FLAN.

Polygetränk:
ersetzt COCKTAIL.

Rauchzimmer:
ersetzt FUMOIR.

Schnellinsbett:
wärmendes winterliches Polygetränk

Symberührung:
Ausdruck, der die Berührungsverwandtschaft eines gegebenen Stoffes mit dem Geschmack einer gegebenen Speise

angibt. Beispiel: die Symberührung von Bananenpastete und Samt oder weiblichem Fleisch.

Symduft:

Ausdruck, der die Geruchsverwandtschaft eines gegebenen Duftes mit dem Geschmack einer gegebenen Speise angibt. Beispiel: der Symduft des Kartoffelbreis und der Rose.

Symgeräusch:

Ausdruck, der die Verwandtschaft eines gegebenen Geräuschs mit dem Geschmack einer gegebenen Speise angibt. Beispiel: das Symgeräusch von Reis mit Orangensaft und dem Motorradmotor oder dem *Erwachen der Stadt* des futuristischen Geräuschkünstlers Luigi Russolo.

Symlicht:

Ausdruck, der die optische Verwandtschaft eines gegebenen Lichts mit dem Geschmack einer gegebenen Speise angibt. Beispiel: das Symlicht des *Erregten Schweins* und einer roten Laterne.

Symmusik:

Ausdruck, der die akustische Verwandtschaft einer gegebenen Musik mit dem Geschmack einer gegebenen Speise angibt. Beispiel: die Symmusik der Fleischplastik und des Balletts »HOP-FROG« des futuristischen Meisters Franco Casavola.

Zumaufstehen:

ersetzt DESSERT.

Zwischenbeiden:

ersetzt SANDWICH.

INHALTSVERZEICHNIS

EIN ESSEN, DURCH DAS EIN SELBSTMORD
VERHINDERT WURDE 7

MANIFESTE – IDEOLOGIE – POLEMIKEN 19

DIE GROSSEN FUTURISTISCHEN BANKETTE .. 67
   Die Taverne zum Heiligen Gaumen 69
   Das erste futuristische Essen 80
   Vorträge über die Küche 92
   Das futuristische Essen in Novara................ 93
   Das große futuristische Bankett in Paris 97
   Das futuristische Luftessen in Chiavari 105
   Das futuristische Luftbankett in Bologna 109
   Typische Anekdoten 115

DIE MASSGEBENDEN FUTURISTISCHEN
DINERS 117
   Heroisches Winteressen 119
   Sommeressen für Malerei und Bildhauerei 121
   Frühlingsessen der befreiten Worte 122
   Musikalisches Herbstessen 124
   Liebesnachtmahl 125
   Touristenmenü 126
   Offizielles Essen 127
   Hochzeitsessen................................ 130
   Sparsames Essen 133
   Junggesellenessen 134
   Extremistenmahl 136
   Dynamisches Essen............................ 139
   Architektonisches Essen 143

Luftmaleressen im Pilotensitz 145
Luftbildhaueressen im Pilotensitz................. 146
Futuristisches Luftdichteressen 147
Essen für den Tastsinn 149
Essen »Synthese Italiens« 151
Geographisches Essen 153
Neujahrsessen................................... 155
Verjüngungsessen................................ 158
Improvisiertes Essen............................. 159
Essen als Liebeserklärung........................ 160
Sakrales Mahl................................... 161
Simultanessen................................... 162
Essen der weißen Wünsche 163
Astronomisches Essen 164

FUTURISTISCHES REZEPTBUCH
FÜR RESTAURANTS UND BARS................. 165

KLEINES WÖRTERBUCH
DER FUTURISTISCHEN KÜCHE................. 201

URTEILE ÜBER DEN FUTURISMUS

»Ich bedaure es, nicht an dem von F. T. Marinetti veranstalteten Bankett teilnehmen zu können. Aber ich wünsche, daß euch meine glühende Zustimmung erreicht, und das ist keine rhetorische Floskel, sondern lebendiges Zeichen der größten Sympathie für den unermüdlichen und genialen Verfechter der Italianität, für den poetischen Erneuerer, der mir die Empfindung für den Ozean und für die Maschine vermittelt hat, für meinen lieben alten Freund der ersten faschistischen Schlachten, für den unerschrockenen Soldaten, der dem Vaterland eine ungezähmte, mit Blut geweihte Leidenschaft dargebracht hat.« BENITO MUSSOLINI

»Mit einem groben Stoß hat der Futurismus eine ganze Kunstwelt zertrümmert, die im Begriff war, würdevoll zu verwesen, und hat sie auf Splitter, auf kosmischen Staub zurückgeführt. Jetzt dreht sie sich wie ein weißglühender Nebelfleck und erwartet den Schöpfer, der sie zu neuen festen Formen gestaltet. Ich sage ›erwartet‹. Aber einer dieser Schöpfer (es gibt Stoff für viele) ist schon erschienen. Es ist Luigi Pirandello. Analysiert man seine Arbeiten, so findet man dort manche der futuristischen Prinzipien angewandt. Zum Beispiel die Simultaneität: ein wahrhaft genialer Fund von Marinetti, der nur leider nicht so weit geht, seine Erfindungen auch wirklich auszuschöpfen und bis zu den äußersten Konsequenzen durchzuführen. Aber die Talente sind, wie sie sind, und es ist müßig, sie von ihren Schicksalsstraßen abbringen zu wollen. Sichtbar wurde der futuristische Einfluß besonders in dem antipsychologischen (wenigstens in den Absichten) und äquilibristischen Werk ›Jeder nach seiner Art‹. Der Erfolg war ungeheuer. Auch weil das Publikum das Ende der Pseudo-Psychologie vor Augen hat.«
(»Ambrosiano«) ETTORE ROMAGNOLI

»Es wird mir eine Genugtuung sein, unseren lieben und großen Freund zu grüßen oder besser, brüderlich zu umarmen, und zwar im Namen unserer ganzen italienischen und französischen Kunst, deren Heiliger Georg und Don Quichotte in einer Person er ist. Es gibt kein größeres Herz als das seine, keine bereitwilligere Tüchtigkeit als die seine. Er war, er ist, er wird immer ganz vorn auf den Barrikaden der Kunst zu finden sein, und von da oben wird er zum Publikum sprechen, mit Feinsinn, denn er ist ein Aristokrat. Und das zugunsten der schönsten der Künste, der Kunst der Avantgarde, der höchsten Kunst.«
(Bankett im Bateau Ivre)   PAUL FORT

»Seit der Schule von Marinetti sind die Wege für die dekorativen Künste geebnet.«
(»Journal«)   ANTOINE

»Die Futuristen haben 1925 auf der Ausstellung in Paris Italien gerettet.«   VITTORIO PICA

»Italien hat den ersten Schrei ausgestoßen, einen so schrillen Schrei, daß das schläfrige Europa den Kopf hob. Der Futurismus verdient noch immer den Meistertitel der modernen Poesie. Überall ist der Futurismus imitiert worden.«
(Vorwort zur »Anthologie Mondiale«)   IVAN GOLL

»Dein Ruhm wird groß sein, lieber Marinetti, weil Du an der Spitze dieser Bewegung zu finden warst, weil Du ihr die Richtung gewiesen hast, weil Du ihr mit der Schaffung des literarischen Futurismus den Anfang gesetzt hast, mit der Veröffentlichung von ›Eroberung der Sterne‹, als Du allein versuchtest, Dein neues Ideal zu verwirklichen. Dein Ruhm

wird groß sein, weil Du immer der Mittelpunkt und der Hauptakteur bei der Suche nach dem Neuen und nach der Freiheit warst.«
(Bankett im Bateau Ivre) GUSTAVE KAHN

»Außerhalb Italiens hat der Futurismus den größten Einfluß gehabt. F. T. Marinetti hat recht, wenn er verkündet, daß der Orphismus, der Kreationismus, der französische Surrealismus, die russische Schule, der englische Vortizismus, der deutsche Expressionismus, der serbische Konstruktivismus, kurz alle Schulen der Avantgarde auf literarischem Gebiet oder dem der Bildenden Kunst seit 1909 vieles dem Futurismus verdanken.«
(Panorama der »Italienischen Literatur«)
BENJAMIN CRÉMIEUX

»Ein bedeutender Teil dieser neuen Dichter ist vom Schauspiel des Lebens inspiriert. Einige feiern es, geraten vor den Maschinen in Ekstase, empfinden ihre exakte und agile Schönheit und schaffen eine exaltierte Poesie; andere ›gehen auf das Volk zu‹ und agitieren es in seinem Elend; wieder andere suchen die ›Formeln der Bewegung‹.

Unter den ersteren sind die Futuristen zu nennen. Marinetti ist ein Dichter voll außergewöhnlicher poetischer (er selbst würde sagen: explosiver) Kraft. Seine Poesie besteht in der großen Kunst, Massen in Bewegung zu bringen, in Italien hat sie übrigens noch das politische Ziel, den Neutralismus zu bekämpfen. Man muß das sehen, um sie zu verstehen.«
(»Bericht über die Tendenzen der Poesie«)
FERNAND DIVOIRE

»Im Namen der modernen Künstler Rumäniens, der Maler, Bildhauer, Dichter und Musiker, deren Freude, den Meister des weltweiten Futurismus in ihren Reihen zu haben, unbeschreiblich ist, entbiete ich Marinetti, dem Propheten und Schöpfergenius der modernen Kunst, den bewegten Gruß und die Huldigung der Bewunderung.

Die moderne literarisch-künstlerische Bewegung, die in Rumänien seit 15 Jahren Eure Wege geht, verehrter Meister, bekundet Euch ihre tiefe Liebe und den glühenden Wunsch, der Genius, mit dem Ihr die Welt der Kunst erleuchtet habt, möge weiterwirken. Ich wünsche Euch außerdem, daß die Jugend den Ruhm Eures großen Geistes noch lange Zeit aufrechterhalten möge, den Ruhm, der Euer Werk krönt.

Trinken wir auf das Wohl des größten Realisators und Poeten der Unruhe unserer Epoche.«

COSTIN

(Der rumänische futuristische Dichter Costin beim Bankett in Bukarest)

»Der mich von euren Dichtern heute am meisten interessiert und dem ich großen Dank schulde, ist Marinetti.

Marinetti und der Futurismus haben der ganzen europäischen Literatur wichtige Anregungen gegeben. Die Bewegung, die ich, Elliot, Joyce und andere in London initiiert haben, wäre ohne den Futurismus nicht denkbar gewesen.«

EZRA POUND

(Erklärung von Ezra Pound, mit Joyce und Elliot Schöpfer der englischen Avantgarde-Literatur, gegenüber einem Journalisten der »Stampa« von Turin)

»Im Namen des rumänischen Schriftstellerverbandes gestatte ich mir, Marinetti, den Initiator der konstruktiven

Revolte, in Bukarest zu begrüßen, der erlauchten und jahrhundertealten Stadt italienischer Intellektualität.

Ich grüße Marinetti, den Künstler, dessen vulkanische Dynamik vor zwanzig Jahren im Rhythmus eines neuen ästhetischen Atmens die schläfrigen Seelen aufrüttelte und mitriß und nicht nur die neuen Kunstformeln schuf, die heute die ganze Erde beherrschen, sondern auch einen neuen Aspekt unserer alten lateinischen Zivilisation, die immer proteusartig und wohlklingend ist. Ich grüße Marinetti, den italienischen Dichter, und drücke ihm all meine Verbundenheit aus, weil seine literarische, soziale und patriotische Aktivität mich bestimmt hat, ihn nicht als Kollegen, sondern als einen großen Bruder zu lieben und zu bewundern.«

MINULESCO
(Der rumänische Dichter Minulesco beim Bankett in Bukarest)

»Die russische Bühnenkunst ist direkt vom italienischen Futurismus beeinflußt.« LUNATSCHARSKI

»Die ganze neuere russische Literatur entwickelt sich unter der Flagge des Futurismus. Dem Futurismus ist der Imaginismus eng verbunden.« A. LESIANOFF

»Wir danken Marinetti seit 15 Jahren, daß er unser Land ausgewählt hat, hier ein poetisches Manifest zu veröffentlichen, das unsere Ideen revolutionieren mußte.«
(Konferenz über Marinetti) GEORGES MICHEL

»Der italienische Futurismus ist die große Befreiung vom ästhetischen Terror gewesen.« GRACA ARANHA

»Die italienischen Futuristen können gerechterweise erklären, die Protagonisten der allgemeinen Inspiration zu sein.

Ihre plastischen und dekorativen Experimente sind von allen nach Kräften ausgeplündert worden, und die Spuren dieser Plünderung finden sich in allen ausgestellten Erzeugnissen: in Möbeln, Stoffen, Tapeten, Schmuckstücken, Brunnen, Gärten, Theatern, Gobelins, bis hin zu Regenschirmen usw.« NOTARI

»Künstler wie Marinetti mit dem Futurismus scheinen es geahnt zu haben. Das Festhalten des Augenblicks in der Dauer scheint nicht mehr unerläßlich. Statt die unbewegliche Kunst zu vertreten, tendieren die Modernen im Gegenteil dazu, die bewegliche, lebende Kunst auszudrücken, die Kunst des Wechsels. Sie selbst setzen sich ›in den Mittelpunkt des Bildes‹, entsprechend der Formel der Futuristen, und die Eindrücke, die sie offenbaren, sind wie variable und mannigfaltige Strahlungen. Man muß die futuristische Architektur, Malerei und Bildhauerei ohne Vorurteil sehen, um die Erneuerung durch eine solche Doktrin erfassen zu können. Wenn die Instabilität wirklich die Formel der Zukunft sein sollte, wird Marinetti künftigen Zeiten als großer Prophet gelten.«

(»Lettres Nouvelles«) LAURENT CLARYS

»Stilbildung erstreben die Besten auf zweierlei Weise: manche mit schlichter Erhabenheit; auf diese Art wurden auch die ägyptischen Pyramiden zum Monument, und eine solche heroische Kraft vermittelt in erster Linie die Erinnerung an einen unserer Toten, der auf dem Karst gestorben ist, Antonio Sant'Elia. Er proklamierte vor sechzehn Jahren die Notwendigkeit, angesichts der Kurzlebigkeit der Gebäude

jede Dekoration abzuschaffen (›Wir werden die Häuser überleben, jede Generation muß sich ihre eigene Stadt erbauen‹); einige seiner Entwürfe sind, in der Retrospektive von heute betrachtet, geradezu prophetisch, wogegen andere Architekten noch immer ängstlich an der Tradition festhalten.«
(»Corriere della Sera«) UGO OJETTI

»Die Futuristen sind die Mystiker der Aktion.«
I. TEOSOFI

»Der Futurismus hat triumphiert, er trug den Keim der neuen Welt in sich, die aus dem Krieg hervorgegangen ist. Friede seinen obskuren Verleumdern!«
(»Griffe Littéraire«) ANDRÉ GEIGER

»Besonders zu erwähnen ist Marinetti, dessen Manifeste berühmt geblieben sind wegen der neuen Richtung, die der Literatur gewiesen wurde, gerade in einer Periode großer Verwirrung.«
(Untersuchung über die italienische Literatur)
EDOUARD SCHNEIDER

»Für denjenigen, der Sinn für historische Zusammenhänge hat, findet sich der ideale Ursprung des ›Faschismus‹ im ›Futurismus‹ wieder: in jener Entschlossenheit, auf den Markt hinabzusteigen, das eigene Empfinden durchzusetzen, Andersdenkende zu übertönen, Tumulte und Getümmel nicht zu fürchten, in jenem Durst nach dem Neuen, in jener Glut, jede Tradition zu zerbrechen, in jener Überschwenglichkeit der Jugend, die dem Futurismus eigentümlich war und die dann zu den Herzen der Heimkehrer aus

den Schützengräben sprach, die sich über das Gezänk der alten Parteien erzürnten und über den Mangel an Energie, der sich in der antinationalen und antistaatlichen Gewalttätigkeit äußerte.«
(»Stampa« vom 15. Mai 1924)   BENEDETTO CROCE

»Wenn unsere Jugend nicht für d'Annunzio schwärmt, so schwärmt sie für Marinetti.«
(Rom, den 22. August 1923)   ARTURO LABRIOLA

»Die Männer und die Schulen der Avantgarde verdanken der futuristischen Revolution ihre Freiheit. Marinetti bleibt der große Erfinder. Das Vitale an den heutigen Versuchen wurde gestern von ihm erbracht. Man muß das deutlich aussprechen.«
(»Crapouillot«, 15. April 1921)   DOMINIQUE BRAGA

»Erstaunlicherweise hat F. T. Marinetti schon vor zehn Jahren, als er vom Gebirge sprach, wenn auch gewiß in paradoxer, aggressiver und fröhlicher Brutalität nicht entbehrender Form, viele Wahrheiten zum besten gegeben, die sich heute mit der Kraft der Offenbarung aufdrängen.«
(»Comoedia«, Paris, 20. Juni 1923)
                    GUSTAVE FRÈJAVILLE

»Der Triumph des Futurismus ist der Triumph Italiens, weil sich gezeigt hat, daß in den letzten Jahren in Europa nichts weiter Originelles produziert worden ist. Tatsächlich beherrscht heute der neue, aus dem Futurismus von Boccioni hervorgegangene Stil die Welt; und das heißt, Italien beeinflußt dank der italienischen Futuristen die Welt.«
                        A. G. BRAGAGLIA

»Erinnert ihr euch an die marinettianische Kampagne gegen die Syntax und für die befreiten Worte? Man mußte sich von allen Regeln lossagen, mußte das Wort aus der Sklaverei befreien, in der es von den Fesseln der Syntax gehalten wurde, mußte die Periode töten, den Satz auflösen. Man mußte jede Idee von Unterordnung aufheben und sich allein durch Koordinierung ausdrücken. Und diese Koordinaten mußten auf ihre geringsten Werte zurückgeführt werden, um sie auf das isolierte Wort und den reinen Ausdruck zu reduzieren. So würde das Wort, dieses wunderbar lebendige Geschöpf, seinen Glanz zurückgewinnen und vom schweren Schleier des Nebels und Überdrusses befreit sein, der sein leuchtendes Antlitz verhüllte.

Und das war auch für euch eine Wohltat, denn daraus entwickelte sich der Geschmack an einem Satzbau voll Mannigfaltigkeit, Wendigkeit, Überraschungseffekten und Zersplitterung, und zwar nicht nach französischem Vorbild, das uns einst nachteilig beeinflußte, sondern gemäß einem gleichsam plastischen Begriff von der Anordnung der Wörter.

Jetzt schlage ich das *Notturno* auf und lese Seiten wie diese:
    ... Man fährt ab.
    Das Becken von San Marco blau.
    Himmel überall.
    Staunen, Verzweiflung.
    Der unbewegliche Tränenschleier.
    Schweigen.
    Das Klopfen des Motors.
    Da sind die Gärten.
    Man biegt in den Kanal ein.“

(»Resto del Carlino«)   GIUSEPPE LIPPARINI

»Der Futurismus von Marinetti entstand auf der Grundlage dieser großen Schöpfungsbewegung, dieser weltweiten Erneuerung der Poesie. Davon gehen die jüngsten Neuerungen aus: es ist der ruhmreiche ›Vater Nil‹ aller modernen Schulen.«

NICOLAS BEAUDUIN
(»Gazzetta del Popolo«: Internationale Umfrage über die Poesie)

Ende